경제로
지구를
구해볼까?

경제로 지구를 구해볼까?

10대 기후시민을 위한 슬기로운 경제생활

ⓒ 주수원, 2025

1판 1쇄 발행 2025년 2월 25일
지은이 주수원
펴낸이 전광철 **펴낸곳** 협동조합 착한책가게
주소 서울시 마포구 독막로 28길 10, 109동 상가 b101-957호
등록 제2015-000038호(2015년 1월 30일)
전화 02) 322-3238 **팩스** 02) 6499-8485
이메일 bonaliber@gmail.com
홈페이지 sogoodbook.com

ISBN 979 - 11 - 90400 - 62 - 6 (43320)

10대 기후시민을 위한 슬기로운 경제생활

경제로 지구를 구해볼까?

economy
경제와
기후위기의
관계를 밝히다

SDGs
clean energy

clean

Local food

eco bag

주수원 지음

COOPERATIVE
착한책가게

가야 할 길이 아직도 남아있지만
이제 여기서 걸어온 길을 돌아보네
어린 시절에 뛰놀던 정든 냇물은
회색거품을 가득 신고서 흘러가고
공장 굴뚝에 자욱한 연기 속에서
내일의 꿈이 흐린 하늘로 흩어지네
하늘 끝까지 뻗은 회색 빌딩숲
이것이 우리가 원한 전부인가
그 누구가 미래를 약속하는가
이젠 느껴야 하네 더 늦기 전에

- 〈더 늦기 전에〉(1992) 중

기후위기와 경제를
통합적으로 이해할 수 있도록

유엔 산하 기구 '세계기상기구(WMO)'는 2027년 안에 지구 평균기온이 66%의 확률로 1.5도(℃) 기준점을 넘을 것이라고 밝혔습니다. 지구의 온도는 1만 년에 걸쳐 4도 올랐는데, 산업화 이후 100년 만에 1도가 상승했습니다. 그리고 12년 만에 다시 0.5도가 오를 수 있는 상황입니다.

우리는 후손들의 미래를 약탈하고 있습니다. 어른들의 책임이 크지만 청소년들도 이 문제에서 자유롭지 못합니다. 청소년 역시 소비습관을 바꾸지 않는다면 기후위기에 영향을 줄 수 있으니까요. 기성세대와 같은 실수를 반복하지 않으려면 청소년 역시 더욱 기후위기 문제에 관심을 갖고 기후위기를 막기 위해 노력해야 할 것입니다.

기후위기를 다룬 기존의 청소년 책들은 기후위기의 심각성을 알리는 데 초점을 두었습니다. 조금 더 나아간다면 전기 아껴 쓰기 등 청소년으로서 생활 속에서 실천할 수 있는 행동들을 안내하고 있습니다. 소비자로서 해야 할 이러한 실천들도 중요하지만 기후위기는 경제와 연결해서 살펴봐야 좀 더 근본적인 원인과 대책을 마련할 수 있습니다. 경제활동은 온실가스 배출, 자원 소비 등을 통해 기후에 직접적인 영향을 미치며, 반대로 기후위기는 생산성 감소, 공급망 붕괴, 재해 복구 비용 증가 등의 형태로 경제에 심각한 피해를 초래합니다. 따라서 기후위기를 단순히 환경 문제로만 바라볼 것이 아니라 경제적 관점에서 분석하고 해결책을 모색하는 것이 중요합니다.

이러한 맥락에서 경제를 주요 요소인 생산, 소비, 분배로 나누어 살펴볼 필요가 있습니다. 생산 측면에서는 기업과 산업이 친환경 기술을 도입하고 지속 가능한 방식으로 전환할 필요성이 커지고 있으며, 소비 측면에서는 친환경 제품에 대한 수요 증가와 소비 패턴 변화가 기후위기에 미치는 영향을 고려해야 합니다. 또한 분배 측면에서는 기후위기로 인해 발생하는 경제적 불평등과 취약계층에 대한 지원 문제도 중요한 논점이 됩니다. 이처럼 기후위기 해결을 위해서는 경제 구조를 전반적으로 재설계하고, 생산·소비·분배 전반에서 지속 가능한 방식을 도입하는 방향으로 논의를 확장할 필요가 있습니다.

따라서 이 책은 기후위기를 경제와 연결해서 청소년들이 기후위기가 발생한 근본적인 문제점을 이해하고 고민해갈 수 있도록 했습니다. 먼저 2장에서 다루는 생산의 경우 산업혁명, 화석연료 키워드뿐만 아니라 애덤 스미스로 대변되는 주류경제학의 문제점을 살펴보면서 환경경제학, 생태경제학 등 다른 시각을 접할 수 있도록 했습니다. 또한 녹색산업, ESG 등 최근 이슈에 대해서도 입체적으로 바라보고 더 나아가서 지역 단위, 공동체 생산으로의 전환이라는 화두를 던지며 실제 지속 가능한 생산을 모색하는 다양한 기업 사례를 제시했습니다.

3장 소비의 경우 기존 청소년 책에서 자칫 개인 소비자에게 현재 기후위기의 책임을 떠넘기는 것처럼 느껴질 수 있는 부분을 수정 보완하고자 했습니다. 이를 위해 패스트패션 등 기존 소비 방식의 문제점과 4R로 대변되는 대안적 소비의 방향성뿐만 아니라 공유경제, 에너지 자립마을, 살림살이 경제 등 집단적, 사회적 움직임을 통한 경제체질의 변화를 소개했습니다. 마지막으로 4장 분배와 관련해서는 기후정의 관점에서 국가 간의 문제뿐만 아니라 한 국가 안에서의 기후위기 취약계층을 중심으로 풀어보았습니다. 취약계층은 기후위기로 인한 혹한과 폭염에 그대로 노출되기 때문입니다.

무엇보다 기존 책들에서 단편적으로 언급되었던 내용들을 생산, 소비, 분배로 크게 나누고 이들을 연결하여 청소년들이 기후위기와 경제를 통합적으로 이해할 수 있도록 노력했습니다. 또한 저자의 이야

경제로 지구를 구해볼까?

기를 일방적으로 받아들이지 않고 청소년 스스로 고민해볼 수 있도록 '생각해볼 문제'를 절마다 제시했습니다.

"바보야, 문제는 경제야(It´s the economy, stupid.)"라는 말처럼 현재 인류가 처한 기후위기를 해결하기 위해서는 근본적으로 이전과 다른 경제체제를 만들어가야 할 것입니다. 청소년들에게 기후위기와 함께 경제 이야기를 들려주고자 하는 이유입니다. 이를 통해 청소년들과 새로운 경제를 꿈꾸고자 합니다.

차례

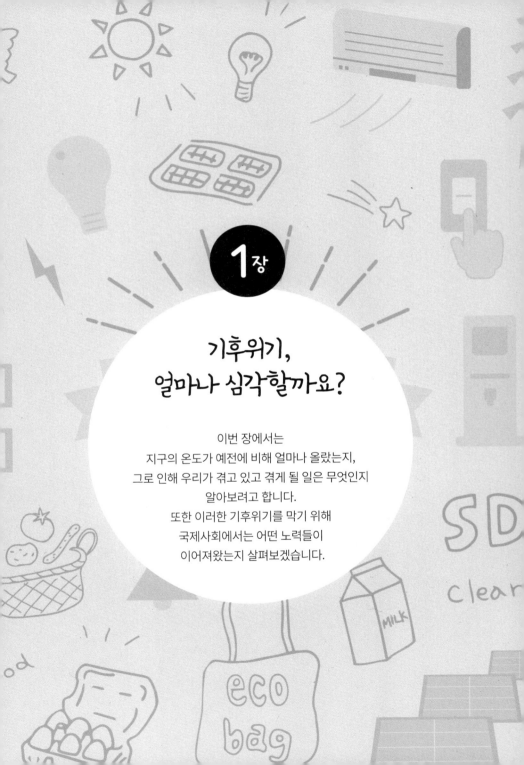

1장

기후위기,
얼마나 심각할까요?

이번 장에서는
지구의 온도가 예전에 비해 얼마나 올랐는지,
그로 인해 우리가 겪고 있고 겪게 될 일은 무엇인지
알아보려고 합니다.
또한 이러한 기후위기를 막기 위해
국제사회에서는 어떤 노력들이
이어져왔는지 살펴보겠습니다.

기후위기 상식 테스트

이번 장에서 다룰 내용에 대해 여러분은 얼마나 알고 있는지 확인해보세요.

1. 2015년 영국 기상청은 전 지구적인 지표면 평균온도가 지난 100년 동안 몇 도 올라갔다고 발표했을까요?

  ① 0.1도 ② 1도 ③ 3도 ④ 6도

2. 기후위기로 인해 매년 여름 폭염이 더욱 심해지고 있습니다. 이에 폭염으로 사람이 죽기도 합니다. 2022년 폭염으로 인해 유럽에서는 대략 어느 정도 인원이 사망했을까요?

  ① 1만여 명 ② 3만여 명 ③ 6만여 명 ④ 9만여 명

3. 2015년 각국의 대표들이 모여 지구 평균온도 상승 폭을 산업화 이전 대비 2도 이하로 유지하고, 더 나아가 온도 상승 폭을 1.5도 이하로 제한하기 위해서 함께 노력하자고 했습니다. 이들이 모였던 도시는 어디일까요?

  ① 도쿄 ② 서울 ③ 뉴욕 ④ 파리

4. 유엔 기후회의에 참석해 "세계 지도자들이 좋아하든 싫어하든 변화가 오고 있음을 알게 할 것입니다."라고 외친 청소년 환경운동가의 이름은?

  * 정답은 본문에서 확인해보세요!

1

지구의 온도가 위험하다

올해는 당신의 남은 인생에서 가장 시원한 여름

미국 항공우주국의 과학자들은 2023년 여름이 1880년 기상 관측이 시작된 이래 가장 더웠다고 발표했습니다.[1] 지난여름은 어떠했나요? 정말 더웠죠. 그런데 올해는 여러분의 남은 인생에서 가장 시원한 여름이 될 가능성이 높아요. 매년 '역대급 더위' 기록을 갱신하고 있기 때문이죠.

그렇다면 지구 온도는 옛날에 비해 얼마나 높아진 걸까요? 2015년 영국 기상청은 전 지구적인 지표면 평균온도가 100년 전에 비해 1도 올라갔다고 발표했습니다.[2] 왜 100년 전을 기준으로 삼았을까요? 이

경제로 지구를 구해볼까?

에 대해서는 2장에서 좀 더 자세히 설명하겠지만 산업혁명을 거치며 우리가 화석연료를 많이 사용한 시기이기 때문입니다. 인류는 중세시 대까지 농경사회였습니다. 그러다가 18세기 산업혁명이 시작되며 생산과 소비가 급속히 늘어나고 화석연료를 많이 사용하게 되면서 현재의 기후위기가 시작되었습니다.

누군가는 1도 오른 것 가지고 무슨 호들갑이냐 생각할 수 있어요. 더우면 에어컨 틀면 그만이지라고 생각할 수 있고요. 하지만 정말 그럴까요?

지구 온도가 1도씩 올라갈 때마다 생기는 일

하지만 지구 온도가 1도 올라가면 큰 변화가 생깁니다. 저널리스트 이자 환경운동가인 마크 라이너스는 《최종경고:6도의 멸종》[3]이라는 책에서 지구의 온도가 1도 올라갈 때마다 발생할 수 있는 다양한 현상들을 묘사합니다. 단순한 상상이 아닌 각종 과학 자료와 아시아, 유럽, 북미 등 여러 지역에 나타난 실제 사례들을 바탕으로 한 현실적인 예측이죠.

1800년대 말에 버해 현재 이미 1도가 올랐으니 그 다음 변화부터 살펴볼게요. 지구의 온도가 2도 오르면 열대지방에 주로 분포하면서 전염병을 퍼뜨리는 모기 종류가 살 수 있는 범위가 1,000km가량 북

쪽인 캐나다 중부까지 확장될 수 있다고 합니다. 또한 가뭄과 열 스트레스에 민감한 옥수수의 수확량이 1억 톤이나 감소하면서, 인간의 식량은 물론 동물 사료 공급에도 위기가 찾아옵니다. 열대지방이 점점 확장되는 것이죠.

평균기온이 3도 상승하게 되면 세계는 한마디로 '죽음의 문턱'이 됩니다. 대부분의 사람들에게 극도로 위험하다고 여겨지는 폭염이 찾아옵니다. 또한 해수면이 오늘날에 비해 22m 높아지며, 북극 기온은 19도 높아집니다. 4도 상승한 세계에서는 전 세계 인구의 4분의 3 정도가 매년 20일 이상 살인적인 더위에 노출되며 지구라는 행성의 상당 부분은 생물학적으로 사람이 살기에 적합하지 않은 곳이 되죠.

5도 상승한 세계에서는 극지방은 녹아내리고 모든 생물 종이 살기 어려운 상태가 됩니다. 마지막으로 6도 상승하게 되면 오래 전 과거의 대멸종 시기와 유사해집니다.[4] 북극에서 적도까지 전 세계의 모든 숲이 동시에 불타오르며 바다의 해수면은 너무 뜨거운 나머지 그 안에서 아무것도 살아남지 못합니다.

이러한 비관적인 예측을 마크 라이너스만 하는 것은 아닙니다. 유엔 산하 기관인 '기후변화에 관한 정부간 협의체(IPCC)'의 전망도 비슷합니다. 기후변화에 관한 정부간 협의체는 1988년 결성되어 1990년부터 기후변화에 관한 보고서를 내고 있는 조직입니다. 2021년에 6차 보고서를 발표했는데 지구 기온이 2도 상승하면 지금

지구 온도 상승은 인간은 물론 지구상 생물들에게 치명적이다.

1장 기후위기, 얼마나 심각할까요?

존재하는 동물과 식물 종의 18%가 멸종 위기에 처할 수 있다고 보았습니다. 또한 전 세계적으로 8억~30억 명이 물 부족을 겪게 된다고 하고요. 4도 상승하면 우리가 알고 있는 동물과 식물이 생존의 위협에 처할 수 있다고 전망했습니다.

지구 온도 상승의 위험성을 좀 더 실감할 수 있도록 여러분 신체 온도와 비교해 설명해볼게요. 인간 신체의 정상 체온은 36.5~37.0도의 범위에서 유지되고 있습니다. 37.5도에서 38.5도가 발열, 38.5도 이상은 고열이며 39.5도 이상일 경우 즉각적인 치료가 필요한 비상상태입니다. 여러분이 독감에 걸려 열이 오르고 머리가 지끈지끈거리는데 옆에서 겨우 1도 오른 걸로 웬 호들갑이야 하고 얘기하면 어떤 기분이 들까요? 지구의 온도도 마찬가지입니다. 정상 온도를 조금이라도 벗어나면 큰 변화가 발생하는 것이죠.

생각해볼 문제

지구의 온도가 올라가고 있다는 이야기를 들으면 여러분은 어떤 느낌이 드나요? 슬픔, 분노, 걱정 등 자신의 느낌을 살펴봅시다.

2

기후위기는 먼 미래가 아닌
우리에게 이미 다가온 현재

1.5도 상승은 불가피

어떠세요? 고작 1도 오른다고 뭐가 달라질까 했던 마음에서 슬금슬금 걱정과 공포감이 생겨나지 않나요? 그럼에도 아직은 먼 미래라고 생각할 수 있습니다. 그러나 기온 상승에 따른 위험은 점점 현실이 되고 있습니다. 유엔 산하 기구인 '세계기상기구(WMO)'는 2027년 안에 지구 평균기온이 66%의 확률로 1.5도 기준점을 넘을 것이라고 밝혔습니다.[5] 지구의 온도는 1만 년에 걸쳐 4도 올랐는데, 산업화 이후 100년 만에 1도가 올랐습니다. 그리고 12년 만에 다시 0.5도가 오를 수 있다는 것입니다. 점점 상승 속도가 빨라지고 있죠? 시속 30km로

출발한 자동차의 액셀을 밟아 시속 100km를 넘어가는 상황이라고 할 수 있습니다. 액셀에서 발을 떼지 않는다면 시속 200km까지 속도가 올라 대형사고가 나기 일보직전입니다. 우리는 그 차 안에서 뛰어내릴 수도 없고요. 브레이크를 밟아 속도를 낮춰야 할 때입니다.

안토니우 구테흐스 유엔 사무총장은 2023년 "지구 온난화 시대(The era of global warming)는 끝났다. 지구가 끓는 시대(The era of global boiling)가 시작됐다."라고 표현하기도 했습니다. 우리는 어쩌면 '끓는 물속의 개구리'인지도 모릅니다. 개구리가 처음부터 끓는 물 안에 들어가면 깜짝 놀라 뛰쳐나오겠지만, 만약 물이 점점 따뜻해지다가 끓게 되면 위험한 줄 모르다가 죽게 된다는 이야기입니다. 지구의 온도가 서서히 올라가고 있는 것을 알면서도 먼 미래의 일로 생각하다가 이제는 지구가 끓는 시대까지 맞이한 것이죠. 그렇다고 끓는 지구를 탈출할 수도 없는 노릇입니다.

폭염으로 6만여 명이 사망한 유럽

사실 벌써 이상기후로 인해 우리는 여러 피해를 입고 있습니다. 여러분은 폭염이라는 말을 들어보았나요? 정상적이지 않은 높은 온도가 수일에서 수십 일간 지속하는 현상을 말합니다. 이때 '정상적이지 않은 높은 온도의 기준'은 나라마다 조금씩 다릅니다. 우리나라의 경우 2020년 5월부터 기온과 습도를 고려하는 체감온도 기준으로 33도 이상인 상태가 2일 이상 예상될 때 '폭염주의보'를 발표합니다. 한마디로 심하게 '덥다, 더워' 하고 느끼는 날이 여러 날 이어지는 것이죠.

문제는 기후위기로 인해 폭염 일수가 점점 늘어나고 있다는 점입니다. 우리나라의 경우 최근 10년(2013년~2022년) 동안 전국 평균 폭염 일수가 137.3일로, 10년 전 기간(2003~2012년)의 91.8일에 비하면 1.5배 정도 늘어났습니다.[6] 폭염은 열사병, 열탈진과 같은 온열질환을 일으킬 수 있으며, 또한 심혈관, 뇌혈관 질환 등 기존에 앓고 있는 질환의 증상을 악화시킬 수 있습니다. 이 중 열사병은 장시간 뜨거운 햇볕에 노출되거나 지나치게 더운 장소에 오랫동안 있어 우리 몸의 온도가 비정상적으로 상승하는 질병을 말합니다. 몸의 열이 제대로 배출되지 못하고 체온이 계속 올라가는 것이죠. 열사병이 나타나기 직전 두통, 어지러움, 구역질, 경련, 시력 장애 등이 나타납니다. 그러다가 의식이 저하되고, 몸은 뜨겁고 건조하며 붉게 보입니다.

이처럼 폭염은 우리 몸을 위협합니다. 특히 체온조절 기능이 떨어지는 노약자와 만성질환자에게 폭염은 더욱 위험합니다. 폭염이 심할 경우 건강한 사람이 죽기도 합니다. 2022년 폭염으로 인해 이탈리아(1만 8,010명), 스페인(1만 1,324명) 등 유럽에서만 6만 2,862명이 사망하기도 했습니다.[7]

산불과 폭우 등 자연재해 증가

2019년 가을 호주에서 사상 최악의 산불 사태가 일어났습니다. 다음해 봄까지 이어진 산불은 우리나라 면적만큼의 대지를 태워버렸습니다. 이로 인해 수억 마리의 동물들이 화재로 죽거나 살고 있던 지역을 옮겨야만 했습니다. 코알라 5,000마리가 죽었으며, 뉴사우스웨일스에서만 코알라 서식지 24%가 훼손된 것으로 추산되었습니다. 그럼 이처럼 끔찍한 산불이 어떻게 발생한 걸까요? 누군가 야영을 하면서 불을 피우다 사고가 난 걸까요? 이 대형 산불의 원인으로 기온이 높고 건조한 호주의 기후가 기후변화로 인해 강화되었기 때문이라는 분석이 나왔습니다.[8]

기후변화로 인한 산불 사례는 호주만의 이야기가 아닙니다. 미국에서도 2003년부터 2020년 사이 캘리포니아에서 발생한 약 1만 8천 건의 화재를 분석하며 연구했더니 기후변화가 대형 산불의 발생 위험을 25%가량 높인 것으로 나타났습니다. 특히 습도가 낮아 건조할 때 화재 위험이 훨씬 커졌습니다.[9] 2025년 1월, 로스앤젤레스에서 발생한 대형 산불 역시 마찬가지입니다. 불길로 최소 29명이 숨지고 2만 채 이상의 건물이 소실됐으며, 237조 원에 이르는 경제적 손실을 기록했습니다. 이 대형 산불의 주요 원인 중 하나는 캘리포니아의 산타아나 바람이었습니다. '악마의 바람'으로도 불리는 이 바람은 건조하고 빠르

경제로 지구를 구해볼까?

2025년 1월에 일어나 여러 주거지역들까지 집어삼킨 미국 로스앤젤레스 산불 모습

며 매우 뜨거운 특성으로 인해 작은 불씨를 걷잡을 수 없는 대형 화재로 확산시키는 요인으로 꼽힙니다. 2025년 유독 이 바람이 심했던 데에는 기후위기로 인해 발생한 2024년 여름의 기록적인 폭염과 10월 이후 지속된 가뭄이 원인이었고, 결국 지구 온난화로 인한 기후변화가 산불 발생 가능성을 높이는 요인으로 작용했습니다.[10]

그런가 하면 2022년 파키스탄에서는 폭우로 인해 전 국토의 1/3이 잠겨 지형이 바뀌었으며 이재민이 무려 3천만 명이나 발생했습니다. 원래 남아시아 지역에서는 6~9월 사이 많은 비가 내리는 게 자연스러운 현상이지만 2022년에는 평년보다 2~3배가 더 많은 강수량을 기록한 것이죠.[11]

이처럼 지구촌 곳곳에서는 이상기후로 인한 피해가 늘어나고 있습니다. 우리나라 역시 이런 위험에 노출되어 있고요. 정부에서는 〈2023년 이상기후 보고서〉를 발간하였습니다. 이 보고서에는 이상고온, 가뭄, 집중호우 등의 이상기후 발생과 피해 현황이 담겨있습니다. 예를 들어 광주 및 전남에서는 전국적인 기상관측망이 구축된 1973년 이후 역대 가장 오랜 가뭄이 2022년부터 2023년 봄철까지 이어졌습니다. 이런 이상기후 현상은 계속 발생하고 있습니다. 2024년 7월 9일 밤부터 10일 새벽 사이 중부권에 시간당 100mm가 넘는 큰비가 내려 충청·영남에서 5명이 숨지고 2명이 실종되었습니다. 특히 군산 어청도의 강수량 146mm는 자동기상관측장비(AWS) 도입 이후에 기록된 최고 수치였습니다.[12] 또한 2024년 11월에는 서울에 100년 만에 가장 많은 눈이 내린 탓에 수도권의 많은 학교들이 휴교령을 내리는가 하면 여러 가지 피해가 발생했습니다. '강 건너 불구경'하듯 우리와 관계없다고 여기며 무관심해서는 안 될 문제인 거죠.

가라앉아 가는 나라들

기후변화는 육지의 빙하를 녹이면서 바닷물의 양을 늘립니다. 또 기온 상승에 따라 바닷물의 온도가 올라가면서 바닷물을 팽창시켜 해수면을 상승시킵니다. 이러한 해수면 상승으로 태평양의 작은 섬나라

경제로 지구를 구해볼까?

물속에서 성명을 발표하는 투발루 외무장관(위)과 물에 잠긴 마을(아래)

1장 기후위기, 얼마나 심각할까요?

투발루(Tuvalu)

오세아니아의 폴리네시아에 위치한 섬나라입니다. 1877년 영국의 식민지였다가 1978년에야 투발루라는 이름으로 독립하고 영연방 국가가 되었습니다. 2000년에 유엔에 가입했습니다. 작은 섬나라로 6개의 환초와 3개의 섬으로 이뤄져 있습니다. 국토 면적(26km²)은 서울 영등포구와 비슷한 아주 작은 나라입니다.

투발루는 사라질 위기에 처했습니다. 해발고도 2m에 위치한 투발루는 해수면이 매년 4mm씩 높아져, 나라를 이루는 섬 9개 중 2개가 완전히 잠긴 상태입니다. 이미 많은 주거지가 침식되면서 농사를 짓기 어려워져 전체 인구 5분의 1이 이민을 갔습니다. 투발루의 수도 푸나푸티의 경우 해안선 가장자리에는 바닷물에 침식된 수많은 건물이 버려져 있으며 바닷물이 주택가까지 밀려와 시민들이 무릎이 잠길 정도로 바닷물이 차 있는 길을 걷는 일이 다반사입니다.[13]

이러한 위험을 알리기 위해 투발루의 사이먼 코페 외무장관은 2022년 허벅지까지 차오른 물속에서 바짓가랑이를 걷어 올린 채 연단을 세워놓고 성명을 발표했습니다. 코페 장관은 "바닷물이 항상 차오르고 있는 상황에서 말뿐인 약속만을 기다릴 여유가 없다"며 "우리의 내일을 지키기 위해 과감한 대안적인 조치를 취해야 한다"고 강조했습니다.[14]

기후변화로 나라까지 가라앉고 있다니 정말 안타까운 일이죠? 뉴스에서 수해를 입어 진흙으로 범벅된 집을 복구하는 현장을 본 적이 있을 거예요. 투발루는 집만이 아니라 나라 전체가 잠길 판입니다.

되살아나는 고대 바이러스

영구 동토층은 여름에도 녹지 않고 일 년 내내 항상 얼어있는 토양을 말합니다. 이는 지구 육지표면의 14% 정도에 해당하는 2,100만 km²의 면적을 차지하고 있습니다. 주로 북극에 있는데요, 북극에 있는 영구 동토층의 대부분은 100만 년 전의 것이고 깊이가 깊을수록 오래된 것입니다. 문제는 기후가 변화하며 최근 시베리아 지역의 기온이 지구 평균보다 4배 정도 빠르게 상승하고 있다는 점입니다. 이 때문에 극지방 여름 최고기온이 38도까지 올라가면서 빙하와 함께 영구 동토층이 급속하게 녹아내리고 있어요.

이에 유럽우주기구에서는 2021년에 '영구 동토층 해동은 박테리아와 바이러스를 방출할 수 있다.'는 보고서를 발표했습니다.[15] 영구 동토층이 녹으면서 그 안에 잠들어 있던 박테리아와 바이러스가 살아나 인류의 건강에 악영향을 미칠 수 있다는 것이죠. 뿐만 아니라 영구 동토에 잠겨있는 탄소와 메탄이 배출되면서 온실가스 농도가 증가하고 대기온도도 크게 높아질 수 있습니다.

> **잠깐! 토막상식**
>
> **바이러스**(virus)
> 세균이 단독으로 온전히 신진대사가 가능한 생물인 데 반해 바이러스는 스스로는 번식을 하지 못하고 살아있는 세포를 통해서만 생명활동을 할 수 있습니다. 따라서 생물과 무생물 사이 존재 정도로 여겨집니다. 바이러스는 '독'을 뜻하는 라틴어 '비루스(virus)'에서 유래한 만큼 질병과 연관이 깊습니다. 우리가 자주 걸리는 감기도 바이러스를 통해 감염됩니다. 2020년에는 코로나바이러스감염증-19(COVID-19)로 인류는 큰 피해를 겪기도 했습니다.

이처럼 기후변화는 우리가 예측하기 힘든 여러 피해를 불러올 수 있습니다. 이는 특정 나라만이 아니라 인류 전체가 처해있는 위험이기도 합니다. 이제는 지구 온난화를 부추기는 지금까지의 경제 방식을 반성하고 삶의 방식을 바꾸고 다른 미래를 만들어가야 할 때인 것입니다.

생각해볼 문제

기후위기가 여러분의 삶에는 어떤 영향을 미치고 있을까요? 아직 와 닿지 않는다면 어떤 이유 때문일까요?

3
기후위기를 막으려는
각국의 노력

지속 가능한 개발을 위해

상황이 이렇게 될 때까지 여러 나라의 지도자들이 마냥 손을 놓고 있지만은 않았습니다. 가장 먼저 1972년 스웨덴의 수도 스톡홀름에서 '유엔인간환경회의'가 개최되었습니다. 유엔이 제안하여 '오직 하나뿐인 지구'를 표어로 삼고 114개국에서 1,200명이 넘는 각국 대표들이 회의에 참가했습니다. 인류가 지구의 관리자로 나서서 모든 나라가 함께 환경문제를 해결해 나갈 것을 선언했습니다.

그리고 1992년에는 브라질 리우데자네이루에서 '지구정상회의'가 열렸습니다. '지구를 건강하게, 미래를 풍요롭게'라는 슬로건 아래 각국의 정상들은 악화되어가는 지구 환경을 지키기 위해 지속 가능한 개발 및 지구 동반자 관계를 맺기로 약속했습니다. '지속 가능한 개발'이라는 말도 이때 처음 나왔습니다. 지속 가능한 개발은 환경이 감당할 수 있는 범위 안에서 개발하는 것을 말합니다. 지속 가능한 개발 원칙에 따라 인간이 환경과 자연에 미치는 영향에 변화를 이룬다면 생태계는 유지될 테니까요.

1997년, 처음 온실가스 배출 감축 결의

하지만 이때까지만 해도 지구 온난화에 대한 각 나라의 약속은 제대로 이행되지 않았습니다. 아직 상황의 심각성을 체감하지 못한 것이라고 할 수 있습니다. 그 때문에 5년 뒤인 1997년 교토에서 정치 지도자들이 다시 모였습니다. 이번에는 지구 온난화를 막기 위해서 이산화탄소를 포함한 여섯 종류의 온실가스 배출을 감축하기로 결의했습니다. 그리고 배출량을 줄이지 않는 국가에 대해서는 불이익을 주기로 했습니다. 이 같은 내용이 담긴 협약이 바로 교토 의정서(Kyoto Protocol)입니다. 오스트레일리아, 캐나다, 미국, 일본, 유럽연합(EU) 회원국 등 총 38개국이 대상이었습니다. 이들은 2008년부터 2012년까지의 기간 중에 전체 온실가스 배출량을 1990년 수준보다 적어도 5.2% 감축할 것을 목표로 했습니다.

하지만 결과적으로 큰 효과를 거두지 못했습니다. 미국은 전 세계 이산화탄소 배출량의 28%를 차지하고 있지만, "교토의정서 식으로 온실가스 배출을 줄이면 세계 경제가 퇴보한다"면서 2001년 탈퇴해 버렸습니다. 또한 중국과 인도와 같이 엄청난 온실가스를 배출하고 있는 나라들이 개발도상국으로 분류되어 온실가스 감축의무 이행국에 포함되지 않았습니다. 모두의 일이지만 모두가 나 몰라라 하면서 어떻게 되겠지라는 생각으로 기후위기 문제를 마냥 덮어놓고 있었던 것이죠.

2015년, 이제 2도 이하로 막자

이러한 문제를 해결하기 위해 2015년에서야 다시 회의가 개최됩니다. 2015년 12월 각국의 대표들은 파리에 모여서 유엔 기후변화 회의를 열고 서로 약속했습니다. 바로 파리협정(Paris Agreement)입니다. 선진국들에 한해서만 온실가스 감축의 의무를 부여했던 교토 의정서와 달리 파리협정은 유엔기후변화협약(UNFCCC)의 당사국 모두에게 구속력을 발휘하도록 했습니다. 이제야 정말 모두가 지켜야 할 일이 된 셈입니다. 파리협정은 2016년 제23차 기후변화 당사국총회에서 195개국의 만장일치로 채택되었습니다. 파리협정에 참여하지 않은 국가는 이란, 튀르키예, 에리트레아, 이라크, 남수단, 리비아, 예멘 등 7개국뿐입니다.

다만 미국은 2017년에 트럼프 대통령이 탈퇴를 선언했다가 2021년 초 바이든 대통령으로 바뀌며 복귀했습니다. 하지만 트럼프 대통령이 2024년 11월 6일 다시 한 번 대통령으로 당선되면서 또 한 번 파리협정 탈퇴를 공식 천명했습니다. 미국이 전 세계에 미치는 영향력을 생각한다면 걱정스러운 일이죠.

파리협정을 통해 모든 나라가 힘을 모아서 지구 평균온도 상승 폭을 산업화 이전 대비 2도 이하로 유지하고, 더 나아가 온도 상승 폭을 1.5도 이하로 제한하기 위해서 함께 노력하자고 했습니다. 이에 따라 각 국가별로 온실가스 감축 목표를 정했습니다. 예를 들어 2030년까지 영국과 프랑스는 각각 68%와 55% 감축을 제시했습니다. 우리나라는 2030년까지 2017년 대비 온실가스를 24.4% 감축한다는 목표를 제시했습니다.

아직도 부족한 노력

파리협정 이후 최초로 '전 지구적 이행점검'이 2023년 11월 아랍에미리트 두바이에서 열린 제28차 유엔기후변화협약 당사국총회에서 이뤄졌습니다.[16] 이는 세계 최대 규모의 기후 정상회의로서 198개 당사국을 포함해 국제기구, 산업계, 시민단체 등 9만여 명이 참석했습니다. 각국이 제출한 감축 목표는 전 지구적 온도 상승을 2.1~2.8도로 제한할 수 있는 것으로 확인되었습니다. 네, 파리협정에서 목표로 했던 1.5도 이내 제한에는 모자란 결과입니다. 각국의 노력이 더 많이 필요하다는 얘기입니다.

　오래 전부터 많은 사람들이 기후위기를 예측하고 경고해 왔지만 정부와 기업들은 좀처럼 달라지지 않았습니다. '기후위기에 적극적으로 대응하겠다'고 약속했지만 잘 지키지 않고 있습니다. 이러한 모습은 타조를 생각나게 합니다. 타조는 맹수가 돌진해오는데 도망갈 생각은 않고 머리를 모래에 처박습니다. 그렇게 하면 맹수가 보이지 않기에 위기를 피하는 방법이라 생각한 것이죠. 그래서 '타조 증후군'이라는 말이 생겼는데 이는 어려운 일이 생기면 제대로 대응하려 하지 않고 현실을 부정해 나중에 심각한 화를 입게 되는 현상을 가리킵니다. 지금의 정부와 기업들의 모습과 같죠?

　이런 점에서 청소년 환경운동가 그레타 툰베리의 다음과 같은 외침을 되새겨볼 필요가 있습니다.

"25년 동안 수많은 사람이 유엔 기후회의에 참석해 세계 지도자들에게 탄소 배출을 멈출 것을 간청했지만 효과는 없었습니다. 그래서 나는 세계 지도자들에게 우리의 미래를 돌봐달라고 간청하지 않겠습니다. 대신 그들이 좋아하든 싫어하든 변화가 오고 있음을 알게 할 것입니다."

그레타 툰베리. 2020년 3월 유럽의회에서
기후 대응을 촉구하며 발언하는 모습(아래)

잠깐!
토막상식

그레타 툰베리(Greta Thunberg, 2003~)

스웨덴의 환경운동가입니다. 15세였던 2018년 9월부터 기후변화에 대해 심각성을 느끼고 금요일마다 지구 환경 파괴에 침묵하고 기후변화 대응에 적극적이지 않은 주류 정치인들과 어른들에게 항의하는 의미에서 등교를 거부했습니다. 이를 트위터에 올리며 사회에 울림을 주었습니다. 그해 12월 제24차 유엔기후변화협약 당사국총회(COP24)에 참가해 환경변화 대책에 미온적인 정치인들을 공개적으로 비판하여 세계적으로 주목받게 되었습니다. 2019년 2월 15일을 기점으로 '기후를 위한 학교 파업 시위'가 125개국 2천 개가 넘는 도시로 확산되었습니다. 2019년에 타임지 올해의 인물에 역대 최연소로 선정되었으며 그해 과학 저널인 〈네이처〉에서도 2019년 올해의 인물 10인에 선정했습니다.

경제로 지구를 구해볼까?

미국 뉴욕주에 살았던 원주민 이로쿼이 부족 연맹은 중요한 정책을 결정할 때마다 7세대 후손을 기준으로 삼았습니다. 한 세대를 30년으로 잡으면 7세대는 210년인 셈이죠. 우리는 어쩌면 후손들의 미래를 약탈하고 있습니다. 7세대는 둘째 치고 당장 다음 세대에 대한 고려마저 없는 것이죠. 이 책을 읽는 청소년 역시 더욱 기후위기 문제에 관심을 갖고 기후위기를 막기 위해 노력해야 할 이유입니다.

생각해볼 문제

여러분은 기후위기 대응에 소극적인 전 세계 지도자들에게 무슨 얘기를 하고 싶나요?

4

더 늦기 전에

기후 관성으로 이미 늦었는지도

과학자들 중에서는 이미 늦은 것이 아니냐고 우려하는 사람들도 있습니다. 뉴턴의 관성의 법칙을 아시죠? 버스가 출발할 때 정지해 있던 승객은 뒤로 쏠리게 되고 반대로 급정거를 하면 승객들이 앞으로 쏠리게 됩니다. 이렇듯 외부의 힘에 의해 속력과 방향이 변하기 전까지 물체는 기존의 운동 상태를 유지하려는 경향이 있습니다.

이산화탄소도 마찬가지입니다. 새로 생기는 이산화탄소가 줄어든다고 해도 그냥 없어지는 게 아니라 꽤 오래 지속될 수밖에 없습니다. 기후가 가진 관성인 셈이죠. 따라서 우리가 이산화탄소를 산업혁명

이전 농도까지 줄였다고 해도 기후는 산업혁명 이전 상태로 금방 돌아가지 않고 몇 백 년은 더 걸릴 수 있다고 합니다.[17]

아직 희망이 있습니다

그렇지만 '기후변화에 관한 정부간 협의체(IPCC)' 제6차 보고서에서는 아직은 되돌릴 수 있다고 합니다. 보고서를 발표하는 자리에서 연구를 진행한 과학자는 "올해 해야 합니다. 내년은 안 돼요. 이번 달에 해야 해요. 다음 달은 안 됩니다. 오늘 해야만 합니다. 내일로 미뤄서는 안 됩니다."라고 했습니다. 우리나라에서 1992년에 환경 콘서트를 하며 여러 가수들이 함께 〈더 늦기 전에〉라는 노래를 불렀습니다. 늦었다고 생각하며 미루는 것이 아니라 지금이라도 우리가 함께 힘을 모아야 할 때입니다.

가야 할 길이 아직도 남아있지만
이제 여기서 걸어온 길을 돌아보네
어린 시절에 뛰놀던 정든 냇물은
회색거품을 가득 싣고서 흘러가고
공장 굴뚝의 자욱한 연기 속에서
내일의 꿈이 흐린 하늘로 흩어지네

하늘 끝까지 뻗은 회색 빌딩숲

이것이 우리가 원한 전부인가

그 누구가 미래를 약속하는가

이젠 느껴야 하네 더 늦기 전에

　　　　　　　　- 〈더 늦기 전에〉(1992) 중에서

이제 정말 대대적인 전환이 이뤄져야 할 때입니다. '나 하나쯤이야'라는 생각보다 '나 하나라도'라는 생각에서 시작해야 합니다. 이러한 뜻을 바탕으로 많은 사람들이 새로운 경제를 모색하고 있기도 합니다. 지구의 온도가 급격히 상승하게 된 이유가 산업혁명을 거치며 우리가 화석연료를 많이 사용하였기 때문이니까요. 화석연료를 기반으로 한 대량생산-대량소비의 지금과 같은 경제를 바꾸지 않고서는 기후위기를 극복하기 어렵습니다. 따라서 2장부터는 경제의 3가지 측면인 생산, 소비, 분배의 관점에서 어떠한 경제로 나아가야 하는지 살펴보려 합니다.

생각해볼 문제

내가 지금 이 자리에서 기후위기를 막기 위해 해볼 수 있는 작은 실천은 무엇이 있을까요?

함께 얘기 나눠봅시다

기후위기를 놓고 다음처럼 친구들과 얘기를 나누고 있습니다. 여러분은 어떤 이야기를 하고 싶나요? 다른 친구들과 함께 이야기 나눠봐요.

재석: 기후위기가 심각한 건 알겠어. 하지만 우리가 뭘 할 수 있을까? 정치인을 비롯해 어른들이 알아서 할 일이야. 걱정해봤자 나만 피곤할 뿐이야.

유림: 청소년 환경운동가 그레타 툰베리를 봐. 열다섯 살 때부터 등교거부를 비롯해 다양한 환경운동을 했어. 우리라고 못할 게 뭐가 있어.

수미: 학교 안 가는 거는 끌리는데…. 그런데 우리가 무슨 행동을 한다고 해서 바뀔 수 있는 게 있을까? 지구 온도 상승을 막는 데 0.00000001도라도 영향을 줄 수 있겠어?

지훈: 하지만 각자 그렇게 생각하고 아무것도 안 한다면 결국 기후위기는 점점 심각해질 뿐이잖아. 선생님도 '나 하나쯤이야'가 아닌 '나부터라도'라고 생각해보라고 하셨잖아.

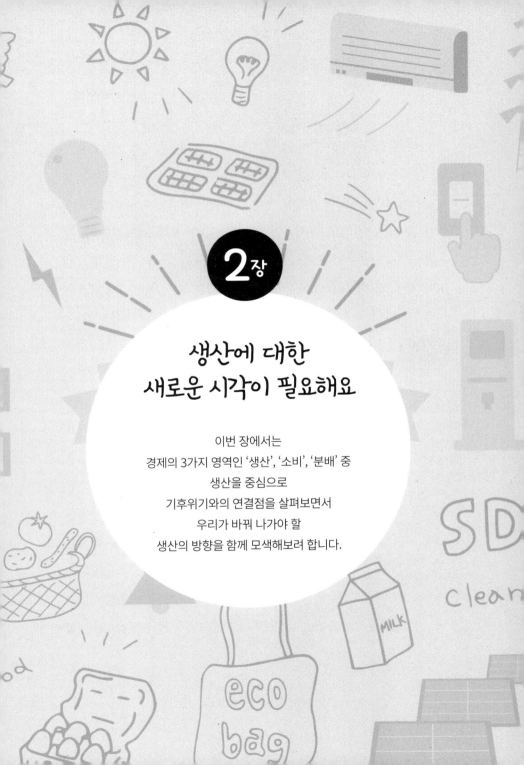

2장

생산에 대한
새로운 시각이 필요해요

이번 장에서는
경제의 3가지 영역인 '생산', '소비', '분배' 중
생산을 중심으로
기후위기와의 연결점을 살펴보면서
우리가 바꿔 나가야 할
생산의 방향을 함께 모색해보려 합니다.

기후위기 상식 테스트

이번 장에서 다룰 내용에 대해 여러분은 얼마나 알고 있는지 확인해보세요.

1. 지구 평균온도가 100년 전에 비해 1도가 올라가게 된 원인 중 하나는 이 연료를 인류가 많이 사용해서였습니다. 어떤 연료일까요?

    ① 목재연료   ② 화석연료   ③ 바이오연료   ④ 로켓연료

2. 공기 중의 이산화탄소가 지구를 따뜻하게 감싸는 효과를 이렇게 부릅니다. 이산화탄소 양이 필요 이상으로 증가하면 지구 온난화를 가속시키게 되는데요, 이 효과는 무엇일까요?

    ① 난방효과   ② 포옹효과   ③ 온실효과   ④ 해열효과

3. 기후위기를 해결하기 위해 이 에너지가 주목받고 있습니다. 이는 태양, 바람, 물, 생물유기체, 해양에너지와 생분해가 가능한 폐기물에너지 등을 말합니다. 다음 중 어느 것일까요?

    ① 운동에너지   ② 재생에너지   ③ 핵에너지   ④ 전기에너지

4. 기업이 실제로는 환경에 악영향을 끼치는 사업을 계속 수행하면서, 겉으로는 친환경 이미지를 홍보하는 것을 표현하는 말이 있습니다. 영어로 녹색과 세탁의 합성어로 '위장환경주의'를 말합니다. 이 말은 무엇일까요?

* 정답은 본문에서 확인해보세요!

1

산업혁명, 폭발적 생산의 시대

기후위기는 산업혁명으로부터 시작

앞서 전 지구적인 지표면 평균온도가 산업화 이전 수준보다 1도 올라갔다고 했죠? 산업혁명을 거치며 우리가 화석연료를 많이 사용하였기 때문입니다. 화석연료를 기반으로 한 대량생산-대량소비의 지금과 같은 경제를 바꾸지 않고서는 기후위기를 극복하기 어렵습니다. 인류는 중세시대까지 농경사회였습니다. 그러다 18세기에 산업혁명이 시작되며 생산과 소비가 급속히 늘어나고 화석연료를 많이 사용하게 되면서 현재의 기후위기가 시작되었습니다. '혁명'이란 말에서 알 수 있듯이 산업 전반에 걸쳐 급격하게 대대적으로 변화가 일어난 것입니다.

방적기계로 인한 생산 확대

그 변화는 먼저 실을 뽑고 천을 짜는 방직 산업에서 일어났습니다. 1733년 존 케이(John Kay)가 '나는 북(flying shuttle)'이라는 방적기계를 만들었는데, 1750년대에 접어들면서 이 방적기가 대대적으로 이용되었습니다. 이 기계로 인해 일하는 사람은 반으로 줄었는데 직물을 짜는 속도는 4배 향상되었죠. 1767년에는 리처드 아크라이트(Richard Arkwright)가 사람의 힘이 아닌 수력으로 실을 뽑아내는 수력방적기를 만들었습니다.

석탄 채굴과 증기기관

석탄 채굴업에도 변화가 생겼습니다. 유럽에서 농업이 확산하고 인구가 증가하면서 집을 지을 목재와 땔감용 장작에 대한 수요가 늘어났습니다. 사람들은 필요에 따라 아무 제한 없이 나무를 베어 사용했고 숲 면적은 점차 줄어들었습니다. 이에 영국의 엘리자베스 1세 여왕은 무분별한 벌목을 막기 위해 광산 주변 4마일(약 6.4km) 이내에서 벌목을 금지하는 법령을 제정했어요. 이렇게 목재 공급을 규제하자

서로 다른 화가가 같은 위치에서 맨체스터를 바라보며 그린 그림(1820년과 1857년).
40년도 채 되지 않은 기간에 맨체스터의 모습이 완전히 달라졌다. 맨체스터는 당
시 산업혁명의 요람이자 세계 면직물 공업의 중심지가 되었다.

석탄 수요가 크게 늘었습니다. 이로 인해 16세기 영국에서는 뉴캐슬에서 석탄을 채굴해 런던까지 배로 운송하기 시작했습니다.

석탄 수요가 더욱 늘어나면서 더 깊은 곳에서 석탄을 채굴하게 되었는데, 문제는 지하수를 뽑아내는 일이었습니다. 쇠사슬에 매단 물 양동이를 수직갱으로 밀어 넣어 지하수를 퍼 올렸는데, 이 방식으로는 깊은 지하까지 내려가기 어려웠거든요. 그래서 물을 끓일 때 나오는 증기를 이용한 증기기관으로 지하수를 뽑으려는 시도를 하게 되었습니다.

1769년 제임스 와트(James Watt)는 앞서 사람들이 발명한 증기기관들을 개량했고, 이것은 1776년 본격적으로 상업화되었습니다. 증기의 힘으로 피스톤을 왕복 운동시켜 동력을 얻는 증기기관은 인류가 그동안 이용해온 어떤 동력원보다도 더 강력하고 효율적이었습니다. 이것은 석탄 채굴 산업에서의 변화뿐 아니라 다른 여러 분야와 결합하면서 산업에서 대대적인 변화를 이끌었습니다.

증기기관으로 시작된 산업의 폭발적인 발전

증기기관이 앞서 발명된 방적기와 결합되면서 방직 공업은 공장 기계공업으로 발전했고 그에 따라 옷감을 대량으로 만들어낼 수 있게 되었습니다. 또한 증기기관차가 발명되면서 과거에는 걸어서 몇 년,

산업혁명 시기에 석탄을 캐서 나르는 모습(위)과 석탄을 연료로 사용한 공장들의 매연 모습(아래)

마차로 몇 개월이 걸리던 거리를 며칠이면 갈 수 있게 되었습니다. 아침에 영국에서 발행된 신문을 오후면 프랑스에서 받아보는 일도 가능해졌습니다. 이렇듯 증기기관의 발명에 힘입어 면직, 기계, 제철 공업 등 영국의 관련 산업들이 폭발적으로 발전했습니다.

이전까지 인간이 사용할 수 있는 에너지의 양과 비교할 수 없을 만큼 큰 에너지를 인류가 얻게 된 것입니다. 이전에는 사람, 가축, 수력,

풍력으로 에너지가 한정되어 있었습니다. 차의 성능을 얘기할 때 마력이라는 말을 사용합니다. 이때 마력은 말 한 마리가 낼 수 있는 힘으로 정확하게는 '75kg을 1초 동안 1m 들어 올리는 힘'입니다. 제임스 와트가 증기기관을 발명하면서 그 성능을 재기 위해 말을 기준으로 측정치를 만든 것이죠.

1886년 나온 세계 최초의 내연기관 자동차는 엔진 0.9마력에 최고시속 16km밖에 되지 않았습니다. 말에 비해 불편한, 단지 신기한 제품에 불과했습니다. 1890년에는 최고출력 2.3마력의 차가 생산되었고 1904년에는 최고출력 48마력의 차가 나왔습니다. 오늘날은 어떨까요? 세계에서 가장 빠른 차는 1,825마력으로 최고속도 500km를 넘습니다.

생각해볼 문제

증기기관처럼 과학기술의 발달로 인류는 이전과는 비교할 수 없는 풍요로움을 누리게 되었습니다. 하지만 그로 인해 환경문제를 비롯한 여러 사회문제도 생겼습니다. 여러분이 과거로 돌아갈 수 있다면 증기기관 발명가인 제임스 와트에게 어떤 이야기를 해주고 싶나요?

2

화석연료와 기후위기의 연결고리

산업혁명 에너지의 원천, 화석연료

화석연료는 이전에는 경험할 수 없었던 에너지의 원천이었습니다. 화석연료는 머나먼 옛날에 살았던 동식물들의 잔해가 화석으로 변해서 생긴 에너지입니다. 화석연료 중 석탄은 예로부터 '불타는 돌'로 알려져 있었으며, 16세기 중반 영국에서 처음으로 보급되어 이후 널리 사용되었습니다. 석유의 경우 오랫동안 사람을 현혹하는 마법의 물질이자 정체를 알 수 없는 검은 물질로 여겨졌으며 간간이 등불의 연료로 사용하는 정도였습니다.

그러다 1859년 미국에서 유전이 개발되면서 석유가 대량 공급되기 시작했습니다. 이후 1885년부터 휘발유로 작동하는 내연기관이 발명되면서 석유 사용이 급격히 늘어나기 시작했습니다. 전기를 만들기 위해 화력발전소에서 화석연료를 이용했고, 고온의 열에너지를 사용하는 제조업에서도 열원으로 저렴한 화석연료를 이용하게 되었습니다. 오늘날 화석연료는 지구상에서 사용되는 에너지의 90% 이상을 차지하고 있습니다.

미국 역사상 최대 갑부 석유재벌 록펠러

루이스 존 데이비슨 록펠러(Lewis John Davison Rockefeller, 1839~1937년)는 미국의 기업인으로 석유 산업에서 이름을 떨쳐 석유왕으로 불렸습니다. 1863년 클리블랜드에서 정유사업을 시작했으며 1880년에는 미국에서 생산되는 90~95%의 정유를 독점했습니다. 그 영향으로 반독점법이 만들어졌습니다. 록펠러는 사망 당시인 1937년 기준으로 국내총생산의 1.54%에 해당하는 14억 달러(약 1조3천억 원)의 재산을 보유했기에 미국 역사상 최대 갑부로 손꼽히고 있습니다.

화석연료로 인한 온실효과의 위험

문제는 석탄과 석유가 타면서 나오는 연기가 공기 중의 이산화탄소를 늘려 지구 온도를 높이고 있다는 점입니다. 지구 대기의 99%는 질소(78.1%)와 산소(20.9%)로 이루어져 있습니다. 나머지 1%인 이산화탄소, 메탄, 수증기 등이 지구를 따뜻하게 감싸 우리가 살기에 적당한 온도를 유지시켜 주고 있습니다. 온실처럼 지구를 감싸고 있다고 해서 온실가스(greenhouse gases)라고 부릅니다.

온실가스는 태양으로부터 지구로 들어오는 짧은 파장의 복사열은 그대로 통과시키지만 지표면에 반사하면서 변화된 긴 파장의 복사열은 상당량을 흡수하여 지구 밖으로 나가지 못하게 합니다. 그래서 온난화가 발생하는 거죠. 예를 들면, 겨울철 추운 날씨에도 비닐로 덮여 있는 온실에 들어가면 따뜻하잖아요. 외부의 태양 에너지는 온실 안으로 잘 들어오는 반면에 온실 내부의 열은 거의 나가지 않기 때문입니다. 그래서 겨울에도 과일을 재배할 수 있고요. 온실가스가 바로 이러한 역할을 하는 거죠.

그런데 오해하지 말아야 할 것이 있습니다. 온실가스 자체가 나쁜 것은 아니라는 점입니다. 태양이 지구 표면을 비추면 표면은 뜨거워지고 지구는 열에너지를 내뿜기 시작합니다. 만약 온실가스가 없어 열에너지가 모두 지구 밖으로 빠져나가 버린다면 낮과 밤의 온도 변화가 급격해져서 밤이 되면 엄청난 추위를 느껴야 했을 것입니다. 온실가스가 있기에 태양이 비치지 않는 밤에도 일정한 온도를 유지할 수 있는 것입니다.

하지만 그 양이 필요 이상 증가되어 지구를 뜨거워지게 하는 지구온난화의 원인이 되고 있다는 게 문제입니다. 온실효과를 일으키는 주요 기체로는 이산화탄소 외에도 메탄, 아산화질소, 수소불화탄소, 과불화탄소, 육불화황 등이 있습니다. 이 중 이산화탄소가 온실효과 기여도의 65%를 차지하고 있습니다. 이산화탄소가 지구의 온도를 높이는 현상에 대해 금성을 생각해보면 실감나게 이해할 수 있습니다. 금성은 대기의 대부분이 이산화탄소이며 이로 인해 지표 부근의 기온이 459도에 이릅니다.

이산화탄소 농도는 산업혁명 이후 지금까지 50% 가까이 늘었습니다. 지구 자체가 두꺼운 이불을 덮고 있는 셈이죠. 너무 더워서 이불을 걷어내려고 해도 쉽지 않습니다. 배출량을 매년 7.6%씩 줄여야 2050년에 탄소배출 제로, 즉 대기중의 이산화탄소 농도가 높아지지 않는 탄소중립을 실현할 수 있습니다. 하지만 배출량을 매년 7.6%

탄소중립

대기중 온실가스 농도가 더 높아지지 않게 인간 활동에 의한 배출량은 줄이고, 이미 배출된 온실가스는 산림, 바다, 습지 등에 흡수시키거나 인공적으로 포집·제거하여 온실가스 순배출량이 '0'이 되도록 하는 것을 말해요. 다른 말로 '넷제로(Net-Zero)'라고도 합니다. 많은 온실가스 가운데 온난화에 미치는 이산화탄소의 비중과 영향이 압도적으로 크다는 점을 반영한 용어입니다.

씩 줄이는 것은 정말 어려운 일입니다. 지금의 경제 시스템이 전면적으로 바뀌어야 가능하기 때문입니다. 결국 앞서 이야기한 2030년까지 전 지구 온실가스 배출량을 2019년 수준에서 27%, 2050년까지 63% 줄이는 목표를 달성하기 위해서는 화석연료 사용을 적극 줄여야 합니다.

화석연료 기업의 책임

석유와 석탄, 가스를 땅에서 캐서 파는 화석연료 기업 108개가 내뿜는 온실가스 양이 전 세계 배출량의 70%에 이르고, 이 중 규모가 아주 큰 20개 회사의 배출량이 35%를 차지한다는 연구도 있습니다.[18] 또한 2015년 미국 웹사이트 '인사이드 클라이밋 뉴스(Inside Climate News)의 보도에 따르면, 석유회사 엑손은 수십 년간 기후변화에 대해 알고 있었으면서도 오히려 배출가스 감축 대책을 저지하려고 노력해왔다고 합니다.

기후 저널리스트 에이미 웨스터벨트는 화석연료 기업이 화석연료 산업을 중심에 둔 사회학 및 경제학, 윤리학 자료를 만드는 데 노력해왔으며 이를 통해 사람들의 생각에 영향을 미치려고 했다고 지적합니다.[19]

이에 안토니우 구테흐스 유엔 사무총장은 2022년 "지구가 불타고 가정 경제가 쪼그라드는 가운데 화석연료 기업들은 보조금과 횡재 이익으로 수천억 달러의 돈방석에 앉았습니다."라고 지적하기도 했습니다. 이런 점에서 화석연료 기업들이 과도하게 얻은 초과 이익을 대상으로 세금을 거둬서 기후위기 피해가 심각한 나라들, 식량과 에너지 가격 급등으로 고통을 겪는 이들을 위해 써야 한다는 주장도 있습니다.

실제 횡재세(windfall profits tax)를 거두는 나라들도 있습니다. 이는 초과 이익을 낸 기업에게 부과하는 세금으로, 뜻밖에 굴러들어 온 행운인 횡재에 대한 세금이라는 의미입니다. 영국은 2022년 5월부터 석유·가스 기업에 초과이윤세율 40%를 포함한 65%의 법인세를 부과했습니다. 이탈리아는 2021년 10월부터 2022년 3월까지 500만 유로 이상의 이익을 낸 에너지 기업에게서 25%의 세금을 추가로 거뒀습니다.[20] 우리나라에서도 기후위기 시대에 화석연료 기업에게 횡재세를 거둬야 한다는 주장이 나오고 있습니다.

생각해볼 문제

여러분은 화석연료 기업들이 얻은 초과 이익에 대해 세금을 거두고 이를 기후위기 피해가 심각한 나라들, 식량과 에너지 가격 급등으로 고통을 겪는 이들을 위해 써야 한다는 주장에 대해 어떻게 생각하나요? 찬성하거나 반대한다면 그 이유는 무엇일까요?

3

화석연료에서 재생에너지로 전환

화석연료가 아니라면 원자력 발전으로?

에너지 사용 자체도 줄여야겠지만 화석연료가 아닌 다른 방식의 에너지 생산을 위해서도 함께 노력해야 할 것입니다. 그렇다면 원자력 발전이 대안일까요? 원자력 발전소는 원자로에서 우라늄이 핵분열하며 만들어내는 열로 증기를 만들고, 이 증기의 힘으로 터빈을 돌려 전기를 생산합니다. 따라서 화석연료를 이용했을 때와는 달리 이산화탄소가 발생하지는 않습니다. 그래서인지 기후위기 시대에 원자력 발전소를 더욱 많이 지어야 한다는 주장도 있습니다. 이에 대해 영국의 앤디 블로어스 교수는 다음처럼 반론을 펼칩니다.[21]

"정치인들은 원자력 발전소를 건설하는 주된 이유로 기후위기에 대처하는 에너지원을 확보하기 위한 것이라는 점을 들고 있습니다. 하지만 기후위기가 원자력 발전소에 어떤 영향을 미칠지는 전혀 고려하지 않은 것 같습니다. 원자력 발전소는 대부분 해안 지역에 자리하고 있는데, 기후변화로 인한 해수면 상승과 심각한 폭풍, 홍수 가능성 등이 전혀 고려되지 않고 있습니다."

원자력 발전의 위험성

원자력 발전소는 인구 밀도가 높은 도심과 멀리 떨어져 있고, 원전을 가동하는 데 필요한 냉각수를 끌어다 쓸 수 있도록 해안가에 있는 경우가 많습니다. 냉각수는 온도가 6~7도가량 오른 온배수가 되어 바다에 다시 방류되는데, 그 양이 원전 1기당 매초 50~70톤이나 됩니다.

앤디 블로어스 교수의 걱정은 2011년 일본 후쿠시마 원전 사고로 현실화되기도 했습니다. 2011년 동일본 대지진이 원자력 발전소에서 북쪽으로 97km 떨어진 센다이시 동부를 강타했습니다. 지진 직후 원자로는 자동으로 가동이 중단되었으며 비상용 디젤발전기의 전력으로 원자로의 냉각을 유지했습니다.

하지만 이어 14미터 높이의 제2차 쓰나미가 몰려오면서 비상용 디

젤발전기를 비롯해 냉각수의 취수 펌프 등이 침수되어 사용할 수 없게 되었습니다. 원자로는 물 없는 솥을 태우는 것처럼 핵분열 생성물의 붕괴열이 계속 상승하여 결국은 핵연료가 녹아내려 버렸습니다. 이 과정에서 대량의 수소 폭발이 수차례 일어났고, 핵연료 속의 방사성 물질이 태평양 등 외부로 누출되어 주변 지역의 오염과 피폭을 불러왔습니다.

피해는 여기서 끝난 게 아니었습니다. 원자로 연료봉을 식히기 위해 냉각수를 투입한 탓에 매일 원전에서 오염수가 생성되었습니다. 이 오염수는 1,000여 개의 탱크에 저장된 상태인데 이는 올림픽 수영장을 500개 넘게 채울 수 있는 양입니다.

이처럼 원자력 발전은 여러 가지 측면에서 위험부담이 상당히 큽니다. 현대경제연구원은 2012년 〈원전의 드러나지 않는 비용〉이란 보고서에서 미국 스리마일 섬(1979년), 옛 소련 체르노빌(1986년), 일본 후쿠시마(2011년) 원전 사고의 피해 규모가 한 기당 약 58조 원에 이른다고 분석했습니다. 이뿐만 아니라 사용 후 핵연료 처분 비용과 폐로 비용 등도 원전의 드러나지 않은 비용에 속합니다.

대안으로 떠오른 재생에너지

화석연료도 원자력도 답이 아니라면 앞으로 인류는 어떤 방식으로 산업 발전에 필요한 에너지를 생산해야 할까요? 이에 대한 대안이 재생에너지입니다. 재생에너지란 태양, 바람, 물, 생물 유기체, 해양 에너지, 생분해가 가능한 폐기물 에너지 등 재생 가능하고 환경 친화적인 에너지를 말합니다.

앞서 살펴보았듯 각 나라가 파리협정으로 내세운 탄소중립 목표를 달성하기 위해 재생에너지에 많은 투자를 하고 있습니다. 2023년 전 세계 전체 발전량 대비 재생에너지 발전량 비율은 30.3%였습니다.[22] 고무적인 점은 독일의 경우 전체 전력 소비에서 재생에너지가 차지하는 비중이 무려 51.6%였다는 점입니다. 아쉽게도 우리나라의 경우 9%로 세계 평균보다도 훨씬 낮은 수치를 기록했습니다.[23]

물론 재생에너지에 대한 우려의 목소리도 많습니다. 개발 초기에 들어가는 투자비용이 막대하고, 투자비용 대비 경제성 또한 아직은 낮은 편이기 때문입니다. 아울러 자연조건의 영향을 많이 받기 때문에 생기는 제한적 사용의 문제도 간과할 수 없습니다. 하지만 이제 재생에너지도 투자비용 대비 경제성이 점점 더 좋아지고 있으며 효율성 또한 높아지고 있습니다.

우리나라도 시민들을 중심으로 한 햇빛발전 건설이 계속 이뤄졌습니다. 국내에서 최초로 2012년 3월 '서울시민햇빛발전협동조합'이 설립되어 서울 노원구 상원초등학교(37.2kW), 관악구 인헌고등학

다양한 형태의 재생에너지 발전
(위 왼쪽부터 시계방향으로 태양광, 풍력, 지열)

경제로 지구를 구해볼까?

교(75.6kW), 중랑구 중화고등학교(60.48kW)에 태양광 발전소를 설치·운영 중입니다. 이후 10여 년간 지속적으로 증가해서 2023년 92개까지 늘었습니다. 특히 안산시민햇빛발전협동조합은 국내 최대·최다 태양광 발전소를 세운 협동조합입니다. 2023년 2월 기준 조합원은 1,496명이고 시민 출자금은 49억 원에 이릅니다. 매출은 전기 판매 수익 13억 원과 태양광 설치 수입 80억 원 등으로 100억 원에 이릅니다. 주목할 점은 재생에너지 발전을 통한 탄소 배출 감축량은 일 년에 2만 톤으로, 이는 조합원 1인당 12톤에 해당하는 양입니다.[24]

이처럼 미래를 바꾸기 위해서는 깨끗한 에너지 개발을 위한 노력이 앞으로 계속 이어져야 할 것입니다.

생각해볼 문제

여러분은 원자력 발전에 대해 어떻게 생각하나요? 찬성하는 사람들은 현재로서는 재생에너지 기술이 비용 대비 효율성이 떨어지므로 화석 연료를 줄이기 위해 원자력이 해결책이라고 얘기합니다. 반대하는 사람들은 원자력 발전소 폐쇄 후 관리 및 해체 비용, 핵폐기물 처분 비용을 고려하면 결코 효율적이지 않으며 무엇보다 안전하지 못하다고 얘기합니다. 여러분의 입장을 정해보고 그 이유를 이야기 나눠봐요.

4

경제학의 변화,
인간 중심이 아닌 지구 중심으로

산업혁명의 사상적 원동력, 애덤 스미스

지금까지 산업혁명으로 화석연료가 많이 쓰이게 되면서 이산화탄소가 지나치게 많이 배출되고, 그로 인해 지구의 온도가 높아진 과정을 설명했습니다. 하지만 산업혁명이 단순히 에너지의 종류만 바꾼 것은 아니었습니다. '혁명'이라는 말에 어울리게 산업혁명은 인류의 정치, 경제, 문화 등 삶의 방식을 송두리째 바꿔버렸습니다.

제임스 와트가 산업혁명에서 과학기술의 변화를 이뤄냈다면 사상적인 변화의 중심에는 애덤 스미스라는 경제학자가 있습니다. 그는 시장경제가 모든 것을 자동으로 해결해줄 수 있다고 주장했습니다.

시장경제는 시장이 중심이 된 경제로, 자유로운 경쟁을 바탕으로 시장에서의 수요와 공급을 통해 상품의 가격이 형성되는 방식입니다. 애덤 스미스는 시장에서 '보이지 않는 손'의 작용으로 상품의 가격이 결정된다고 했으며, 상품의 생산과 소비는 누군가가 개입하지 않아도 각자의 합리적 선택으로 자연스럽게 이뤄진다고 보았습니다. 그는 《국부론》에서 다음과 같이 이 원리를 설명했습니다.

"우리가 저녁식사를 기대할 수 있는 건 푸줏간 주인, 양조장 주인, 빵집 주인의 자비심 덕분이 아니라 그들의 돈벌이에 대한 관심 덕분이다. 우리는 그들의 박애심이 아니라 자기애에 호소하며, 우리의 필요가 아니라 그들의 이익만을 그들에게 이야기할 뿐이다."

즉, 빵집 주인은 빵을 먹으려는 이들을 위해 빵을 만드는 것이 아니라 빵을 하나라도 더 팔아 돈을 벌기 위해서 노력한다는 것입니다. 이를 위해 새벽같이 일어나 신선한 빵을 굽는다거나 남들과 차별되는 독특하고 맛있는 빵을 새롭게 개발하려고 하는 것이고요. 생산자들은 자연스레 물건을 더 많이, 더 비싼 가격에 팔기 위해 노력하게 되고 그에 따라 기술과 경영이 발전해 결과적으로 국민소득도 늘어난다고 본 것입니다. 이런 주장에 따라 정부는 시장에 일체 간섭하지 않고 치안과 국방만을 담당하기도 했습니다.

외부비용과 시장실패

그렇지만 애덤 스미스가 간과한 부분이 있습니다. 환경오염을 예로 들 수 있습니다. 공장의 생산 과정에서 환경오염이 발생해 사회에 손해를 끼쳤더라도 이에 대한 비용은 시장에서 지불되지 않습니다. 이러한 비용을 '외부비용'이라고 하는데요, 외부비용이란 어떤 일방의 경제 행위가 그와는 상관없는 제3자에게 부정적인 영향을 끼침으로써 발생하는 경제비용을 말합니다. 예를 들어 공장에서 내보내는 오염수와 폐수가 하천을 오염시키면 인근 주민들은 악취와 두통과 같은 피해를 입게 되고 심한 경우 병원비를 지불합니다. 오염된 하천을 전

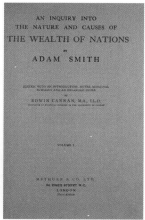

애덤 스미스와 《국부론》

과 같이 깨끗하게 만들기 위해서도 노력해야 하고요. 공장주의 경제 행위로 인해 그와 상관없는 제3자인 주민들이 부정적인 영향을 받는 것이죠. 애덤 스미스의 '보이지 않는 손'으로는 해결할 수 없는 문제인 셈입니다.

이렇게 외부비용을 해결하지 못하는 시장경제의 상황을 일컬어 '시장실패'라고 합니다. 시장이 자유롭게 기능하는데도 효율적이지 못한 자원배분 상태가 발생한 경우입니다. 이런 문제를 해결하기 위해 정부가 나서서 환경보존법을 제정합니다. 공장의 오폐수와 같은 환경오염으로 인한 위험을 막고 자연환경과 생활환경을 적정하게 관리하고 보전하기 위한 법입니다.

하지만 정부가 늘 효과적으로 움직이지는 못합니다. 지금의 기후위기 역시 시장실패에 정부가 적극적으로 대처하지 못한 결과이기도 합니다. 정부가 규제를 적극적으로 하지 못하도록 기업들이 로비를 하기도 하고 기업의 성장을 통한 국가 부의 증대를 위해 정부가 방관하기도 하기 때문입니다.

경제학의 아버지 애덤 스미스

애덤 스미스(Adam Smith, 1723~1790)는 영국의 경제학자입니다. 1759년 《도덕감정론》을 발표하며 유럽에 명성을 떨쳤습니다. 그리고 1776년에 《국부론》을 출판하여 부와 명성을 얻으며 경제학의 아버지로 불리게 되었습니다. 애덤 스미스는 《국부론》을 통해 자유무역의 이점, 분업의 경제적 효과, 큰 정부의 문제점 등을 지적했으며 현대 자본주의 이론의 기초를 세웠습니다.

각종 오염은 지불되지 않은
외부비용을 발생시킨다.

경제로 지구를 구해볼까?

자연환경 역시 자본으로, 환경경제학

　이러한 기존 경제학의 문제를 해결하기 위해 경제학자들은 다시 고민을 했습니다. 그 일환으로 자연환경 역시 자본으로 포함하여 모든 외부비용을 시장경제 내부로 다시 끌어들이려는 시도를 했습니다. 바로 '환경경제학(environmental economics)'입니다. 공짜로 여겼던 자연환경을 자본으로 생각하면서 다른 물적 자본 못지않게 소중하게 여기자고 했습니다. 경제 개발의 환경 비용을 측정해 처음부터 이 비용을 고려하고 관리할 수 있도록 하는 것이죠. 환경보호와 경제성장을 대립적으로 보지 말자는 관점입니다.

　환경경제학에서는 앞서 설명한 외부비용 문제에 대해 '오염자 부담 원칙'으로 해결할 것을 제시합니다. 오염을 유발한 자가 그 비용을 지불해야 한다는 얘기입니다. 이와 관련하여 영국의 환경경제학자 제프리 힐(Geoffrey Heal)이 쓴 책《자연자본》의 다음 구절을 살펴볼게요.[25]

　"좀 더 친환경적인 시장경제를 형성하기 위해서는 시민들 역시 주식시장과 마찬가지로 행동해야 한다. 오염자 부담 원칙을 도입하고, 경제학 용어로 표현하자면 모든 외부비용을 내부로 끌어들여야 한다. 기업과 개인은 행위에 따르는 개별적인 비용뿐만 아니라 전체 비용을 지불해야만 한다. 이는 산업사회가 자연에 입히는 손실을 효율적으로 관리하는 경제체제 구축의 가장 중요한 시작점이다. 현재 우리는 오염자의 외부비용을 사회 전체에 떠넘김으로써 그들에게 보조금을 주고 있는 셈이다. 이러한 관습이 우리를 죽이기 전에 퇴출해야만 한다. 이 관습은 공평하지도, 효율적이지도 않다."

환경경제학의 '오염자 부담 원칙'은 탄소세로 연결되었습니다. 탄소세는 탄소 배출량에 따라 내는 세금으로 1990년 핀란드에서 처음 도입되었습니다. 탄소 배출량 기준을 정하고 이를 초과하는 사용량에 대해 부과하는데요, 이를 통해 생산자들로 하여금 탄소 감축과 에너지의 효율적 사용, 대체 에너지 개발과 탄소 감축 기술개발을 할 수 있도록 합니다. 또한 소비자에게도 고탄소 제품 사용을 줄이도록 유도합니다. 정부에서는 거둬들인 탄소세를 녹색 사업의 재원과 환경보호 투자, 기후변화 대책의 재원으로 활용할 수 있습니다.

2023년 상반기 기준 28개국이 탄소세를 도입 중입니다. 우리나라는 아직 도입을 검토 중이고요. 여러분은 어떻게 생각하세요? 기후위기를 막기 위해 탄소세를 도입해야 할까요? 아니면 탄소세 도입 때문에 기업의 부담이 증가하고 투자에 소극적으로 될 수 있기에 아직 시기상조라고 생각하나요? 쉽지 않은 문제일 수 있습니다. '가뜩이나 경기가 안 좋은데 말야'라는 우려의 목소리가 나오니까요. 또한 기업으로서는 세금을 내고 싶지 않은 게 당연하기 때문에 기업의 환영을 받

경제로 지구를 구해볼까?

으며 탄소세를 도입하기는 어려울 것입니다. 결국 국민들이 원하는 사회가 무엇인가에 따라 달라질 수 있는 문제입니다.

지구가 감당할 수 있는 규모의 문제, 생태경제학

이처럼 환경경제학은 탄소세의 중요한 근거를 마련했지만 여전히 개발 논리를 넘어서지 못한다는 비판도 있습니다. 이에 비해 '생태경제학(ecological economics)'은 전혀 다른 시선에서 지금의 기후위기 문제를 경제학적으로 해결하려고 합니다. 생태경제학은 경제적인 시선을 중심에 놓고 환경을 바라보는 것이 아니라 환경, 즉 생태계의 관점에서 경제를 바라보자고 합니다. 주체와 대상을 바꿔버리는 것이죠. 그래서 인간 경제 안에서 지구 생태 요소들을 보는 시각을 벗어나야 한다고 주장합니다. 인간을 위해 지구가 존재하는 것이 아니라 지구 안에 인간이 살아가고 있기 때문입니다.

이렇게 관점을 바꾸어서 본다면 지구 생태 요소 중 하나로 인간 경제가 들어가 있다고 생각할 수 있습니다. 이런 점에서 생태경제학자 리처드 하워스(Richard Howarth)는 "경제는 지구 한계 안에서 머물러야 하는 동시에, 윤리적이고 사회적인 목표에 복무하는 방법으로 작동되어야 한다"고 주장합니다.

이런 이유로 생태경제학은 "현재 인간의 경제는 지구가 감당할 수 있을 만큼의 규모인가"라는 질문을 던집니다. 그동안은 나오지 않았던 '규모의 문제'가 중요해진 것이죠. 이에 기반해 인간 중심의 화폐가 기준이 아니라 지구 전체의 물리적이고 생물학적인 지표가 기준이 됩니다. 그 결과 생태경제학에서는 인간 경제는 이미 지구의 한계를 넘어섰고 기술혁신이나 다른 수단으로도 더 이상 성장이 가능하지 않다고 주장합니다.[26]

이와 관련해 미국의 환경단체는 매년 '지구 생태 총용량 초과의 날'을 발표하고 있습니다. 이는 지구가 회복하고 재생할 수 있는 한에서 그해에 사용할 수 있는 생태 자원을 다 써버린 날을 말합니다. 그날짜 이후부터는 미래 세대의 자원을 끌어다 쓰는 셈입니다. 미래 세대에게 빚을 지는 것이죠. 이를 '생태적 적자'라고도 합니다. 처음 측정한 1971년에는 지구 생태용량 초과의 날이 12월 25일이었는데 2023년에는 8월 2일이 되었습니다. 점점 빚을 지는 기간이 늘어나고 있습니다.

이처럼 미래 세대에게 빚을 지는 것은 물론 지구 생태계가 인간의 경제활동으로 입은 피해를 회복하지 못하고 점점 파괴되어 가고 있습니다. 화석연료를 펑펑 쓰던 시절은 끝났고, 지구로부터 청구서가 날아들고 있습니다. 이제 적극적으로 허리띠를 졸라매면서 지구 생태계 규모에 맞는 생산으로 돌아가야 할 때입니다.

성장이 가능하지 않다면 어떻게 해야 할까요? 지금과 같은 물질적 풍요로움과 편리함만을 추구하는 것에서 벗어나 새로운 방식의 행복을 추구해야 할 것입니다. 생존이 중요한 문제가 되었으니까요. 성장사회의 전제를 돌아봅시다. 성장사회는 무제한 생산으로 자원을 무제한 사용합니다. 그러하기에 꼭 필요하지 않은 물건들도 생산하며 엄청나게 많은 쓰레기를 배출합니다. 공기와 땅, 물을 사용하며 생긴 오염물 또한 무제한 배출합니다. 이와 반대되는 방향이 '탈성장'입니다. 성장 만능주의, 성장에 대한 강박에서 벗어나 지구와 공존할 방법을 찾자고 얘기하는 것이죠.

지구와 공존하기 위해서는 지금과 다른 방식으로 생산·소비할 뿐 아니라 더 적게 생산·소비해야 합니다. 우리 사회에 꼭 필요한 것은 무엇인지, 이를 가급적 자원을 적게 들이고 오염을 적게 하면서 생산·소비할 방법은 무엇인지 고민해 나가야 합니다.

생각해볼 문제

전통적인 시장 중심 경제학, 오염자 부담 원칙의 환경경제학, 지구가 감당할 수 있는 규모를 생각하자는 생태경제학, 이 세 가지 경제학의 장단점은 무엇일까요? 여러분은 어느 경제학의 주장이 더 와 닿나요?

5

새로운 생산을 위해,
녹색산업과 ESG

유럽, 미국, 일본, 우리나라의 녹색산업

새로운 생산 방식으로 전환하고자 하는 노력도 있습니다. 바로 녹색산업인데요. 이는 에너지와 자원의 효율을 높이고 환경을 개선할 수 있는 산업을 말합니다. 녹색산업은 '기존 산업의 친환경화(자원의 효율적 이용, 오염 방지, 화학물질 안전 관리)'와 '새롭게 창출된 친환경 산업(풍력 터빈, 에너지 컨설팅 등 녹색 기술·서비스 산업)'으로 나뉩니다. 2009년 이후 전 세계 녹색경제는 꾸준히 성장하여 2023년 상반기 기준으로 약 6조 5,000억 달러를 기록하였습니다. 이는 2016년(약 2조 5,000억 달러) 대비 약 3배가 늘어난 결과입니다.[27] 여러 나라들에서 녹

경제로 지구를 구해볼까?

색산업을 양성하기 위한 노력을 기울이고 있습니다.

예를 들어 2019년 유럽에서는 '그린딜(Green Deal)'이 발표되었습니다. 그린딜은 기후 및 환경 관련 도전과제들을 오히려 기회로 바꿔내고, 2050년까지 탄소 순배출량을 제로로 만들기 위해 친환경 산업을 육성하자는 계획입니다. 이를 위해 풍력, 태양광, 그린수소, 배터리 등 청정기술 관련 분야 산업을 육성할 수 있도록 규제 환경을 개선하고 자금 지원과 필요한 인력을 양성하기 위한 교육을 시행한다는 것입니다.

미국에서도 2021년 조 바이든 대통령이 당선되면서 파리기후협정에 재가입하고 2050년까지 '온실가스 배출 0'을 목표로 연방예산 1조 7,000억 달러를 투자할 계획을 밝혔습니다. 일본에서는 2023년 화석에너지에서 청정에너지로 산업 및 사회 구조를 전환하는 것을 의미하는 녹색전환 분야 정책으로 청정에너지를 위한 투자, 탄소가격제 강화, 국제협력 강화 등을 발표합니다.

우리나라도 2020년에 청정대기·생물소재·플라스틱 대체 등 '녹색산업 혁신 생태계'를 구축하기 위해 녹색혁신기업 육성, 스마트 생태공장, 녹색산업 성장 기반 구축 등을 발표했습니다. 2025년까지 총 2조 9,000억 원의 재정투자로 약 2만 4천 명의 일자리를 창출한다는 계획입니다.

하지만 녹색산업에 대한 우려의 목소리도 있습니다. 생태계 보호와 건강 보호라는 본래의 목적이 아니라 다시금 돈을 벌기 위한 산업 육성이 될 수도 있다는 지적입니다. 목적과 수단이 바뀌지 않아야 한다는 것이죠.

새로운 자본주의, 이해관계자 자본주의

이제 산업에 있어서 기업의 수익만이 아닌 환경에 대해서도 적극 고려해야 할 때입니다. 국가에서도 이를 위해 적극적인 노력에 나서고 있습니다. 이를 두고 '주주자본주의'에서 '이해관계자 자본주의'로 변하고 있다고 얘기하기도 합니다.

주주자본주의는 기업 이익이 주주에게 우선적으로 분배되는 방식입니다. 주주는 기업에서 발행한 주식을 사들여 기업이 낸 수익에 대해 주식에 비례하여 배당을 받으며 회사 경영에 참여하는 이들입니다. 회사는 주주를 통해 대규모 자본을 모을 수 있습니다. 세계 최초의 주식회사는 1602년 설립된 네덜란드 동인도회사였습니다. 당시 네덜란드에서는 동양 탐험을 위해 많은 돈이 필요했습니다. 한두 사람의 힘으로 해결될 문제가 아니었습니다. 그래서 여러 사람들의 돈을 모아 운영할 수 있는 주식회사를 생각해낸 것이죠. 당시에는 총 1,143명이 투자했다고 합니다. 이렇듯 주주자본주의에서는 기업이 주주에서 시작되어 주주를 위해 존재하는 게 당연했습니다.

반면에 이해관계자 자본주의는 이익에 직간접으로 기여한 고객, 노동자, 거래기업, 지역사회를 고려하고 포함하는 자본주의입니다. 이해관계자 자본주의가 떠오른 것은 주주자본주의처럼 주주만을 중심에 놓고 기업을 운영하다 보니 놓치는 문제들이 많이 생겨났기 때문입니다. 기후위기 역시 그러하고요. 미국의 영향력 있는 CEO 181명으로 구성된 '비즈니스 라운드테이블(BRT)'은 2019년 "주주가치가 기업이 추구하는 모든 목적이어서는 더 이상 안 된다. 주주자본주의의 시대는 막을 내렸다"고 이례적인 선언을 하기도 했습니다.[28]

이해관계자 자본주의 흐름에서 ESG가 기업 가치 평가의 중심이 되어가고 있습니다. ESG는 '환경(Environmental)', '사회(Social)', '지배구조(Governance)'를 의미하는 영어의 머리글자를 딴 단어입니다. 기업의 가치를 평가할 때 일반적인 분석 대상인 경제적 이익을 중심으로 하는 재무정보의 상대적인 개념인 '비재무정보'를 의미합니다. ESG 경영이 다루는 영역은 다양하고 광범위합니다. 기업의 가치를 평가할 때 친환경 경영을 잘 이행하고 있는지, 사회적 책임을 다하고 있는지, 투명한 지배구조를 가지고 있는지를 판단합니다.

유럽연합은 2024년부터 종업원 250명, 연 매출 4,000만 유로(약 544억 원)를 초과하는 기업을 대상으로 ESG 공시 의무화를 시행하기로 합의했습니다. 기업이 ESG가 추구하는 환경, 사회, 지배구조에 있어서 일정한 기준을 잘 지키는지를 외부에 투명하게 의무적으로 알려야 한다는 것이죠. 우리나라도 2025년부터 자산 총액 2조 원 이상 상장기업은 ESG 공시를 의무적으로 해야 하며 2030년부터는 모든 코스피 상장사로 이를 확대할 계획입니다.[29]

기업들의 노력도 이어지고 있습니다. RE100(Renewable Electricity 100)은 기업들이 사용하는 전력을 100퍼센트 '재생에너지'로 생산해서 쓰자는 국제적인 캠페인입니다. 구글과 애플 등 글로벌 기업들은 RE100을 이미 달성했거나 재생에너지 사용 비중을 더욱 확대하고 있습니다. 2030년까지 재생에너지 사용 100%를 목표로, 자사와 거래하는 우리나라 기업들에 대해서도 재생에너지 확대를 요구하고 있습니다.

다만 이에 대해서도 '그린워싱(greenwashing)'이라는 비판의 목소리가 있습니다. 그린워싱은 녹색(green)과 세탁(washing)의 합성어로 친환경적인 것처럼 홍보하는 '위장환경주의'를 말합니다. 기업이 실제로는 환경에 악영향을 끼치는 사업을 계속 수행하면서, 겉으로는 친환경 이미지를 홍보하는 것을 뜻합니다. 예를 들어 한 음료회사는 멸종위기종 황제펭귄, 해달 등을 플라스틱병 라벨에 삽입하며, "환경을 위한다"라는 메시지를 전달할 뿐 플라스틱 페트병을 재활용하기 위한 실질적인 노력은 기울이지 않았습니다.

기후와 환경에 대해 문제의식이 높아지면서 소비자, 투자자들이 친환경 기업을 선호하게 되다 보니 기업은 '에코', '친환경' 등의 표현을

2021년 11월 영국의 환경단체가 기업들의 그린워싱에 항의하며 시위를 벌이는 모습. 이들은 스스로를 "그린워시 버스터스(greenwash busters)", 즉 그린워싱 파괴자로 칭하고 있다.

마케팅 수단으로 사용하고 있습니다. ESG 경영을 내세우지만 실제로는 마케팅 수단일 뿐 위장환경주의에 지나지 않는 경우도 많이 있습니다. 많은 양의 온실가스를 배출하는 석유 기업이 자사의 책임과 노력은 명시하지 않은 채, 기업의 온실가스 감축 노력에 비해 효과가 미미한 시민의 실천(텀블러 사용)이 필요하다는 메시지를 강조하기도 하고요.

따라서 소비자들은 기업이 진정성 있게 제대로 ESG를 실행하는지 잘 감시하고 판단해야 할 것입니다. 그렇게 하면 소비자들로부터 외면받지 않기 위해서라도 기업이 노력을 할 테니까요.

생각해볼 문제

녹색산업, 이해관계자 자본주의, ESG는 기후위기를 극복하려는 기업들의 새로운 모습일까요? 아니면 친환경 이미지를 내세우려는 위장일까요? 여러분의 생각은 어떠세요?

6

지역 단위, 공동체 생산으로 전환

마을 단위의 주민 필요를 기반으로 한 생산

일찍이 간디는 "마을이 세계를 구한다"고 했습니다. 영국에서 독립할 당시 인도 전역에는 70만 개의 마을이 있었으며, 간디는 이들 마을이 각각 자급자족하며 느슨하게 연결되어 서로 협력하는 세상을 꿈꾸었습니다. 마을 하나하나가 독립적인 '마을공화국'이 되는 것이죠. 작은 마을이야말로 진정한 민주주의를 바탕으로 지속 가능한 성장을 이룰 수 있다고 보았기 때문입니다.

국가는 너무 큰 단위이기에 사람들의 의견이 민주적으로 소통되고 모아지기가 쉽지 않습니다. 우리가 직접 정치에 참여하기보다는 국회

의원이나 대통령을 선거로 뽑아서 간접적으로 정치에 참여하는 이유이죠. 하지만 마을 단위에서 논의가 활발히 이뤄지고 그러한 의견이 다시 모아진다면 어떨까요? 마을 단위에서는 생산자와 소비자가 긴밀히 연결되며 그 안에서 돈이 돌고 돌아 마을 전체를 풍족하게 만드는 선순환 경제 공동체가 이루어질 수도 있습니다.

세계화의 흐름 속에 잊혔던 마을이 2000년대 들어서 다시금 주목을 받기 시작했습니다. 특히 2008년 글로벌 금융위기 속에서 스페인의 몬드라곤, 캐나다 퀘백시의 크고 작은 여러 협동조합과 같은 지역 단위 경제 공동체의 회복력에 주목하게 되었습니다. 투자자 중심의 회사와 달리 협동조합은 지역주민들이 공동의 필요를 사업화한 조직입니다. 따라서 지역의 다양한 자원을 활용해 일자리 창출과 복지 제공 등 지역의 문제를 해결하고 지역 공동체를 회복해 나갔습니다. 협동조합은 무리한 자본 증식보다 구성원의 삶의 질 보장에 초점이 맞춰져 있었기 때문입니다. 경제위기 상황에서도 피해를 1/n로 나눠서 함께 이겨낼 수 있도록 했고요. 회사가 대주주의 이익을 위해 정리해고에 들어갈 때 협동조합은 고통분담을 하며 지속 가능한 시장경제 모델을 만들어가고 있었습니다.

공동체 통제를 통한 공유지 비극의 해법

기후위기 문제 역시 마을과 같은 공동체 경제를 통해 해법을 찾을 수 있습니다. 이를 위해 여러분들에게는 조금 생소할 수 있는 '공유의 비극'에 대해 이야기해보겠습니다. 얼핏 들으면 공유해서 비극이 생겼으니 공유하면 안 되는 것인가라고 생각할 수 있습니다. 사실 공유의 비극은 목초지, 공기, 호수와 같이 공유하며 사용하는 자원이 시장에 맡겨지면 남용되어 고갈될 위험이 발생하는 현상입니다. 이와 같은 공유자원은 시장에서 가격이 책정되어 있지 않기에 개인들이 무료로 마음껏 사용하며 보존하지 않게 됩니다. 따라서 공유 자체가 문제라기보다는 공유하면서 '누군가가 알아서 하겠지. 내가 신경써야 할 일이 아니야.'라고 생각하며 각자의 책임을 회피하기 때문에 생긴 문제입니다.

이런 공유의 비극을 공동체가 어떻게 해결할 수 있을까요? 2009년 여성으로는 최초로 노벨경제학상을 받은 엘리너 오스트롬(Elinor Ostrom)은 오랫동안 공유의 비극을 해결할 수 있는 방안을 찾아왔습니다. 그러다가 의외의 곳에서 해법을 발견했습니다. 정교한 조업 규칙으로 어장을 관리하는 튀르키예의 어촌, 방목장을 함께 쓰는 스위스의 목장지대 등에서는 그들만의 방법으로 공유자원을 잘 보존하고 관리해오고 있었습니다. 예를 들어 인구 600명의 스위스 퇴르벨은

800년 넘게 목초지를 마을 공동체가 잘 관리하고 있었습니다. 이들이 만든 규칙 중 하나는 "여름철 목초지에 내보낼 수 있는 소의 수는 겨울철에 자신이 사육할 수 있는 소의 수만큼만 허용된다"입니다. 이렇게 해서 너무 많은 소가 목초지에 풀어져 목초지 자체가 없어지는 것을 막았던 것입니다. 이런 규칙은 누군가가 정해주는 게 아니라 마을 구성원 전원이 참석한 투표에서 만장일치로 결정했고요.

오스트롬은 '이기적이고 합리적 인간'의 욕망은 공유자원을 망치게 할 수도 있지만 그 결과 모두가 함께 피해를 입는다는 사실을 깨닫는 순간 사람들은 협력과 협동의 모습을 되찾을 수도 있다고 얘기합니다.

이러한 오스트롬의 지적은 지금의 기후위기에도 적용될 수 있습니다. 지구라는 공유자원은 모두가 함께 관리하고 잘 보존해야 하는 것입니다. 우리가 지금의 심각한 위기를 깨닫고 공동의 노력으로 모두 합의할 수 있는 규칙을 만들어간다면 공유의 비극을 이겨낼 수 있을 것입니다.

로컬푸드 운동

지역 중심 경제는 무엇보다 '탄소 발자국'을 줄일 수 있습니다. 탄소 발자국이란 내가 걸어온 길에 남은 발자국처럼, 개인이나 기업, 국가

로컬푸드를 도시 주
민에게 공급하는 사
회적기업인 '언니네
텃밭'의 제철 꾸러미

등의 집단이 어떤 제품이나 서비스를 사용하는 일련의 과정에서 배출
하는 탄소의 양을 나타내는 지표입니다. 식품의 경우 산지에서 생산
되는 과정은 물론, 이후 비행기나 트럭 같은 운송수단을 통해 운반되
어 마트나 시장에 진열된 다음 우리 장바구니를 따라 식탁에 놓이는
모든 과정이 탄소 발자국에 영향을 줍니다. 예를 들어 칠레에서 수입
해온 포도는 우리나라의 포도보다 월등히 높은 탄소 발자국을 만들어
냅니다. 이렇게 배출된 탄소는 앞서 설명한 온실효과로 이어져 지구
의 온도를 높입니다.

 탄소 발자국을 줄이기 위한 노력으로 지역에서 생산된 먹거리를 그
지역에서 소비하는 방법이 있습니다. 바로 로컬푸드 운동인데요, 농
장에서부터 식탁까지, 즉 생산지에서 소비지까지의 거리를 최대한 줄

여 먹거리의 신선도와 안전성을 확보하고 장거리 운송에 따른 환경 부담도 줄이는 방안입니다. 뿐만 아니라 로컬푸드 운동을 통해 농민들의 소득이 증가하여 지역 경제가 활성화될 수 있습니다. 또한 지역 고유의 음식문화를 보존하고 지역에 맞는 농업을 발전시킬 수도 있고요. 우리나라에서도 농산물 직거래, 농민장터, 지역급식운동 등을 통해 로컬푸드 운동이 활발히 이뤄지고 있습니다. 이를 통해 우리 지역 생산자에게도 이득이 되고 탄소도 줄일 수 있겠죠? 여러분도 식탁 위에 올라온 음식 중에 어떤 로컬푸드가 있는지 살펴보세요.

생각해볼 문제

학교에서 생길 수 있는 공유의 비극은 무엇이 있을까요? 예를 들어보면 교실을 깨끗하게 하는 문제가 있을 텐데요, 다른 것들은 무엇이 있는지 생각해보세요. 그리고 이를 본문에 나오는 것처럼 공동체 방식으로 통제하려면 어떻게 해야할까요?

7

환경을 생각하는 기업들의 노력

앞서 우리는 기업의 변화로서 이해관계자 자본주의, ESG 등의 흐름을 얘기했습니다. 하지만 이러한 정책 이야기들은 여러분에게 어렵게 느껴지고 잘 와 닿지 않을 수도 있을 것 같습니다. 그래서 조금은 작은 단위에서 환경을 위해 노력하는 기업 사례를 살펴보도록 하겠습니다.

"유일한 주주는 지구입니다", 파타고니아

파타고니아는 1973년에 설립된 아웃도어 의류 브랜드입니다.[30] 기능성 의류를 중점적으로 생산하면서 제품의 색상을 코발트, 청록, 노

"이 재킷을 사지 마세요!" 광고(왼쪽). 파타고니아는 1985년부터 매년 매출의 1%를 지구 환경을 보호하고 되살리기 위해 활동하는 전 세계 환경 단체들을 지원하는 데 사용해왔다(오른쪽).

랑 등으로 다양화하면서 인기를 얻었습니다. 동시에 '최고의 제품을 만들되 불필요한 환경 피해를 유발하지 않으며 환경 위기에 대한 공감대를 형성하고 해결 방안을 실행하기 위해 사업을 이용한다'는 원칙을 지키려 노력하고 있습니다. 이와 관련해 2011년 'Don't buy this jacket(이 재킷을 사지 마세요).'이라는 캠페인을 벌이기도 했습니다. 옷을 만들 때마다 환경이 파괴되니 이 재킷이 정말 필요한지 생각해 달라는 메시지를 담은 문구였습니다.

2013년부터는 '원웨어(Worn Wear)' 캠페인을 하며 새 옷을 사기보다 이미 입고 있는 옷을 수선해 오래 입자고 하고 있습니다. 이를 위해 의류 무상수선 서비스, 온라인 중고 보상 판매, 수명이 다한 제품을 모아 다른 제품에 재활용하는 캠페인 등을 진행하고 있습니다. 그

경제로 지구를 구해볼까?

런가 하면 창업주인 이본 쉬나드가 2022년 "이제 파타고니아의 유일한 주주는 지구입니다"라며 자신과 가족이 소유한 지분 100%를 기후변화 대응을 위한 비영리 재단과 신탁사에 넘기기도 했습니다.

버려진 천막을 업사이클링, 프라이탁

스위스의 프라이탁 회사는 1993년에 마커스 프라이탁과 다니엘 프라이탁 형제가 설립한 가방 업사이클링 회사입니다.[31] 업사이클링(upcycling)은 재활용을 의미하는 리사이클링(recycling)에 업그레이드(upgrade)를 합성해서 만든 단어로, 버려지는 제품에 가치를 더해 아예 새로운 제품을 만드는 것을 뜻합니다. 이들은 버려진 천막, 자동차 안전벨트, 화물차 방수포 등을 이용해 가방으로 만들어냅니다.

취리히의 예술학교를 다니던 프라이탁 형제는 평소 자전거를 즐겨 탔지만 날씨 탓에 가방에 넣은 미술용품이나 스케치북이 비에 젖어 눅눅해지는 경험을 많이 했습니다. 그러다 트럭 위에 덮인 단단하고 질긴 소재의 방수천을 보고 이를 이용해 가방을 만들기로 했습니다. 친구들이 좋아하는 것을 보고 폐방수천으로 만든 가방 40개를 패션 소품 매장에서 판매하기 시작했는데, 자전거로 출퇴근하는 사람들에게 인기를 끌며 사업을 본격적으로 꾸려가기 시작했습니다.

프라이탁 가방들과 스위스 취리히에 있
는 프라이탁 본사. 컨테이너 박스를 쌓
아올린 이곳은 매장도 운영하고 있다.

경제로 지구를 구해볼까?

친환경적이고 인권적인 휴대폰 생산, 페어폰

    네덜란드의 사회적 기업인 페어폰은 휴대전화의 원재료 채취부터 제품 조립까지 환경과 인권을 존중하며 생산하려고 노력합니다.[32] 콩고 등 분쟁지역에서 생산되는 핸드폰의 원재료인 주석, 탄탈륨, 텅스텐, 금 등이 아동노동 등 인권을 침해하여 생산되지 않도록 국제 시민단체와 손잡고 직접 광산을 방문하며 계속 감시 활동을 펼칩니다. 또

페어폰은 광산을 방문하여 안전한
노동환경이 보장되도록 노력한다.

한 안전한 노동환경이 보장된 공장에서 페어폰이 만들어지도록 합니다. 하청을 맡기는 개발도상국 기업 노동자들에게 노동조합 조직의 자유와 적정 임금을 받을 권리 등을 보장하기 위해 다양한 조치를 취하기도 하고요. 무엇보다 휴대전화 수명을 늘리기 위해 홈페이지를 통해 부품을 판매하고 직접 고칠 수 있도록 수리 방법도 알려줍니다. 제품이 고장 나도 부품만 따로 떼어서 사용자가 직접 분리해 수리할 수 있도록 만들었거든요. 또 5년의 보증기간을 제공해서 하나의 스마트폰을 오래 사용할 수 있도록 하고 있습니다.

바다의 플라스틱 쓰레기 청소, 오션클린업

'오션클린업(The Ocean Cleanup)'[33]은 바다에 버려진 플라스틱 쓰레기를 청소하는 비영리단체입니다. 바다 한가운데 두 개의 선박이 느린 속도로 부유 차단막을 끌며 U자형의 인공 해안선을 만들어냅니다. U자형에 들어온 쓰레기들 사이를 순환하는 조류는 이리저리 플라스틱 쓰레기들을 끊임없이 이동시켜 가운데로 모아냅니다. 또한 강에서 바다로 이어지는 길목에 U자의 고정형 장벽을 설치해 강물을 통해 흘러온 플라스틱 쓰레기를 모아내기도 합니다. 이렇게 수거한 해양 플라스틱 쓰레기를 이용해 선글라스를 만들어 판매하고 있는데요, 판매 수익은 다시 해양 쓰레기를 회수하는 데 재투자하고 있습니다.

오션클린업의 쓰레기 수거선이 작업하는 모습

"플라스틱은 안 돼", 낫플라

영국의 스타트업 기업 '낫플라(Notpla)'[34]는 해조류로 플라스틱을 대체할 포장재를 만들어내고 있습니다. 낫플라라는 이름은 'not plastic'을 줄인 말로, 플라스틱을 사용하지 말자는 의미를 담고 있습니다. 낫플라는 자연에서 그대로 채취할 수 있는 원료인 해조류로 완벽하게 생분해되는 플라스틱 대체재를 개발했습니다. 낫플라가 개발한 재질은 음료 용기, 음식 포장재, 화장품과 패션 산업에서 쓰이는 포장재에도 사용될 수 있습니다. 낫플라는 2019년 런던 마라톤에서 플라스틱 물병 대신 '식용 물캡슐'을 선보이기도 했습니다. 해초와 식물성 재료로 작은 비닐봉투처럼 만들어진 음료 용기는 먹어버릴 수도 있고, 자연상태에서 생분해가 가능해 길가에 버리더라도 환경을 오염시키지 않습니다.

2022년에 낫플라는 비영리기관 '캐노피(Canopy)'와 공동으로 '낫플라 페이퍼(Notpla Paper)'라는 친환경 종이를 개발하기도 했습니다. 이 종이는 기존 바이오플라스틱 비닐 생산 과정에서 버려지는 해조류 폐기물을 다시 재가공해 만듭니다. 이렇게 해조류 부산물 1톤을 재가공해 친환경 종이를 만들 경우 나무를 최대 4톤가량 절약할 수 있습니다.

재미나게 재활용, 수퍼빈

우리나라에는 수퍼빈이라는 회사가 있습니다.[35] 수퍼빈은 버리는 페트병과 알루미늄 캔 등을 수거하는 AI 회수로봇 '네프론'을 개발했습니다. 2023년 기준 전국 15개 지자체에 1,000대 가까이 보급되어 있습니다. 페트병을 물로 세척한 뒤 라벨을 떼어내어 네프론에 넣으면 사람들에게 포인트를 제공하는 방식입니다. 캔과 페트병 1개당 10원의 포인트로 보상해주며 2,000포인트 이상 적립하면 현금으로 바꿀 수 있습니다. 쓰레기에 대한 사람들의 인식을 바꾸고 재활용이 하나의 문화로 자리 잡게 하려는 노력의 일환이죠. 또한 AI 선별 시스템을 통해 수거된 페트병의 이물질 등을 거르는 작업을 100% 자동화해 처리 속도와 정확도를 높였습니다.

어떠세요? 생각하지 못한 다양한 방식으로 환경을 보호하고 기후위기를 막기 위해 노력하는 기업들이 많죠? 경제, 특히 생산활동이 단순히 돈을 많이 벌기 위한 것만이 아니라는 것을 기억하세요. 이제는 관점을 바꿔야 할 때입니다.

생각해볼 문제

소개된 기업 외에 여러분이 알고 있는 친환경기업이 있나요?
또 직접 써본 친환경제품에는 어떤 것들이 있나요?

여러분이 만들고 싶은
기후위기를 해결해가는 기업(단체)

2장에 나온 여러 사례들처럼 여러분이 가상으로 기후위기를 해결해가는 기업(단체)을 만들려고 합니다. 다음 질문들을 중심으로 상상해보세요.

1. 기후위기를 해결하는 데 있어 해당 기업(단체)의 목적은 무엇인가요?

2. 해당 기업(단체)의 주요 사업은 무엇인가요?

3. 지속 가능한 운영을 위해 어떻게 수익을 낼 수 있나요?

4. 함께 하려는 이들을 모집하기 위해 어떻게 홍보할 생각인가요?

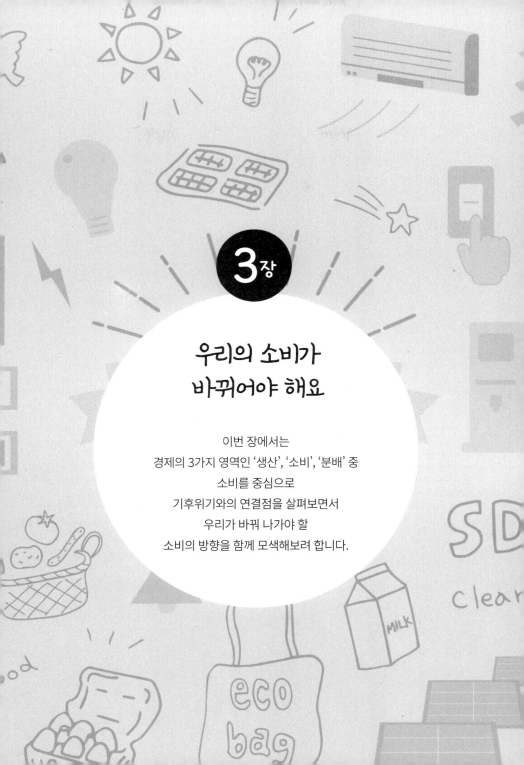

3장

우리의 소비가
바뀌어야 해요

이번 장에서는
경제의 3가지 영역인 '생산', '소비', '분배' 중
소비를 중심으로
기후위기와의 연결점을 살펴보면서
우리가 바꿔 나가야 할
소비의 방향을 함께 모색해보려 합니다.

기후위기 상식 테스트

이번 장에서 다룰 내용에 대해 여러분은 얼마나 알고 있는지 확인해보세요.

1. 개인이나 기업, 국가 등의 집단이 어떤 제품이나 서비스를 사용하는 일련의
   과정에서 배출되는 탄소의 양을 나타내는 지표를 무엇이라고 부를까요?

   ① 탄소 댐 ② 탄소 손자국 ③ 탄소 사다리 ④ 탄소 발자국

2. 생산부터 유통까지의 소요시간을 최소화하여 유행에 맞는 의류를 빠르게
   공급하는 것을 일컫는 말입니다. 이로 인해 예전에는 옷이 몸에 맞지 않거
   나 해져서 새로 구매했다면 지금은 싫증 나서 버리고 새로 구매하곤 합니
   다. 이러한 생활양식을 무엇이라고 부를까요?

   ① 슬로패션 ② 적정 패션 ③ 패스트패션 ④ 트렌드 패션

3. 포장과 탄소 발생을 최소화하고 해당 상품을 소비자가 오랜 기간 건강하게
   사용할 수 있으며 폐기되었을 때의 순환을 고려한 제품들을 주로 판매하는
   가게를 무엇이라고 부를까요?

   ① 제로웨이스트 숍 ② 제로페이 숍 ③ 제로에너지 숍 ④ 제로카본 숍

4. 농장에서부터 식탁까지, 즉 생산지에서 소비지까지의 거리를 최대한 줄여
   먹거리의 신선도와 안전성을 확보할 뿐만 아니라 환경적 부담을 줄이기 위
   한 방안이 있습니다. 우리나라에서도 농산물 직거래, 농민장터, 지역급식운
   동 등을 통해 이러한 방안이 활발히 이뤄지고 있습니다. 이를 무엇이라고
   할까요?

   * 정답은 본문에서 확인해보세요!

1

우리가 누리는 편리함이 낳는 결과

산업혁명으로 인한 편리함

산업혁명으로 인한 발전은 우리 인류에게 다채로운 생활의 편의와 풍요로움을 안겨주었습니다. 일단 많은 이들이 굶주림의 걱정에서 벗어나 좀 더 다양한 활동에 집중할 수 있게 되었습니다. 싼값에 여러 가지 소비재들의 대량생산이 가능해짐에 따라 우리의 생활도 한층 풍족해졌죠. 또한 다양한 교통수단이 발달해서 이제 아무리 먼 거리도 빠르고 편리하게 오갈 수 있게 되었습니다. 그 덕분에 지구 반대편에서 생산된 먹거리가 우리 집 밥상에도 올라오게 되었고요.

편리한 배달의 이면

그런데 이러한 편리함에는 그늘이 있습니다. 배달을 예로 들어볼까요? 최근에는 늦은 저녁 주문해도 다음날 아침 문 앞에 배달을 해주는 '새벽배송'이 인기입니다. 우리는 어느덧 새벽배송이 당연하다고 생각하고 있지만 옛날에는 물건을 주문하면 며칠씩 걸리곤 했죠. 지금도 일주일 넘게 걸리는 나라들도 많답니다. 코로나19의 영향으로 음식 주문과 택배는 더욱 늘어났습니다. 주문한 물건이 마음에 들지 않아 반품하는 경우까지 생각하면 정말 수많은 물건이 오가고 있습니다.

이렇게 배달 덕분에 우리는 편리해졌지만 그 때문에 지구는 힘들어합니다. 전 세계 탄소 배출량의 약 7%가 물류에서 발생하고 있기 때문입니다. 특히 장거리 운송이 많은 미국의 경우 탄소 배출량의 20~30%가 운송 활동으로 생깁니다. 우리나라의 경우도 온실가스 배출의 약 14%가 운송 활동에서 발생합니다.[36] 엄청나죠? 우리가 누리는 편리함이 남긴 자국들입니다. 어디서 들어본 것 같다고요? 맞습니다. 앞서 우리는 로컬푸드의 중요성을 얘기하면서 '탄소 발자국'에 대해 살펴보았습니다. 개인이나 기업, 국가 등의 집단이 어떤 제품이나 서비스를 사용하는 과정에서 배출되는 탄소의 양을 나타내는 지표이죠. 배달은 탄소 발자국을 늘리는 전형적인 예라고 할 수 있습니다.

겨울철 스키장 인공눈의 무서움

또 다른 예를 들어볼게요. 겨울철 스키장에 가서 인공눈을 본 적이 있을 겁니다. 덕분에 눈이 충분히 오지 않아도 스키를 탈 수 있습니다. 그런데 이런 인공눈을 만들어내기 위해서는 에너지가 엄청나게 들어 간다는 사실을 알고 계셨나요?

캐나다에서 조사한 결과 자국 내 스키장 운영을 위해 연간 4천200 만㎥의 인공눈이 만들어지고 있으며 이를 위해 4천340만㎥의 물과 47 만 8천 메가와트시(MWh)의 전력이 사용되는 것으로 나타났습니다.[37] 이게 어느 정도냐면요, 약 1만 7천 가구가 1년 동안 사용할 수 있는 전 력에 맞먹는 양입니다. 또 제설 과정에서 배출되는 이산화탄소는 13만 95톤에 이른다고 합니다. 이 이산화탄소량은 6만 2천780헥타르(ha) 넓이의 숲이 1년 동안 흡수하는 양과 맞먹는다고 합니다. 더 큰 문제는

인공눈을 만드는 모습

온난화가 진행되면서 2050년까지 스키장에서 필요한 인공눈의 양이 현재보다 55~97%까지 증가할 것으로 전망했다는 것입니다.

햄버거 커넥션

여러분에게 친숙한 음식인 햄버거도 기후위기와 연결되어 있다는 사실을 아시나요? 햄버거는 전 세계 120여 개국에서 판매되며, 세계 인구의 1%가 매일 먹는 가장 세계적인 음식입니다. 여러분도 참 좋아하죠? 그런데 이 햄버거는 열대림과 맞바꾸어 만들어집니다. 유럽과 미국의 햄버거용 쇠고기는 주로 중남미산입니다. 중남미산 쇠고기가 지방분이 적어 햄버거 재료로 적합하기 때문이죠. 이런 점 때문에 중남미에서는 햄버거 재료로 쓰일 소를 사육하기 위한 목초지를 조성하고자 대규모로 열대림을 파괴하고 있습니다.

멕시코 환경학자 가브리엘 과드리에 따르면, 1960년대 이후 중미 지역 숲의 25%가 목초지 조성을 위해 벌채됐고 1970년대 말엔 중미 전체 농토의 3분의 2가 축산단지로 변했습니다. 고기 1인분과 우유 한 잔을 얻으려면 소에게 22인분의 곡식을 먹여야 합니다. 소고기 100g이 들어간 햄버거 하나를 만들기 위해 열대우림 1.5평을 목초지로 변경하면서 심각한 환경파괴를 일으키고 있습니다.[38] 2022년 기아 인구가 7억 3,500만 명으로 추정[39]되는 것을 고려하면 소고기 생산과 소비가 굉장히 비효율적이라는 것을 알 수 있습니다.

아무 생각 없이 먹어온 햄버거로 인해 이런 일이 벌어졌다니 놀랍지 않나요? 그렇다고 햄버거를 먹지 말자는 이야기는 아니에요. 다만 우리가 아무 생각 없이 먹던 햄버거 하나에도 이러한 소비와 생산의 연결고리로 인해 지구에 부담을 주는 상황이 벌어지고 있다는 걸 기억해야겠습니다.

생각해볼 문제

부모님 세대와 비교해 우리가 누리는 물질적 풍요와 편리함에는 무엇이 있을까요? 이러한 부분들은 기후위기와 어떠한 관련이 있을까요?

2

지구가 감당할 수 없는 소비

미국의 블랙 프라이데이

미국에는 '블랙 프라이데이'라는 날이 있습니다. 추수감사절(11월 넷째 주 목요일) 다음날인데요, 미국에서 연중 가장 큰 규모의 쇼핑이 이뤄지는 날입니다. 소매업체의 경우 1년 매출의 70%가 이날 이루어진다고도 합니다. 이날은 온라인 쇼핑몰이나 할인점 등에서 제품 처분을 위해 파격적인 할인을 적용하기 때문에 원가에 가까운 낮은 가격(최대 90% 할인)으로 물건이 나옵니다. 우리나라도 블랙 프라이데이와 같은 '대박 할인' 행사가 열리고는 하죠.

이 때문에 사람들은 새벽부터 물건을 사기 위해 장사진을 칩니다.

연말까지 팔지 못한 제품을 재고로 남겨 보관하거나 관리 비용을 추가로 들이느니 차라리 싸게 많이 팔아보자는 판매자들의 심리와 연말 보너스를 받은 소비자들의 구매욕이 맞물려 매년 이 엄청난 행사가 열리는 것이죠. 그런데 정말 필요해서 산 물건들인지는 돌아볼 필요가 있습니다. 가격이 싸다는 이유로, 너도 나도 산다는 이유로 충동구매한 것은 아닌지 말이죠. 견물생심(見物生心)이란 말이 있어요. 좋은 물건을 보면 가지고 싶은 마음이 생긴다는 고사성어인데요. 자신에게 당장 필요하지 않은 물건이라도 이 기회를 놓치면 왠지 손해를 볼 것 같아서, 사놓고 보면 쓸모가 생길 것 같아서 마구 쇼핑 카트에 담는 것이죠.

아무것도 사지 않는 날

1992년 테드 데이브(Ted Dave)라는 캐나다 광고인이 블랙 프라이데이에 대응해서 '아무것도 사지 않는 날' 캠페인을 시작했습니다.[40] 우리가 상품을 생산하고 소비하는 과정에서 발생하는 환경오염이 지구를 파괴하고 미래 세대가 자원을 사용할 권리를 빼앗는 행위가 될 수 있다는 것을 사람들에게 알리기 위함이었습니다. 그러자 사람들은 비단 블랙 프라이데이뿐만 아니라 다른 소비에 대해서도 뒤돌아보자고 했습니다.

블랙 프라이데이 풍경(위)과 '아무것도 사지 않는 날' 시위 행진(아래)

3장 우리의 소비가 바뀌어야 해요

현재 스위스, 미국, 영국 등 약 65개 국가가 '아무것도 사지 않는 날' 캠페인에 동참하고 있습니다. 우리나라에서는 1999년부터 녹색연합이 시작했고요. 캠페인 날짜는 매년 11월 말로 정하는데 미국은 11월 마지막 주 금요일, 우리나라는 11월 마지막 주 토요일을 이날로 하고 있습니다. 녹색연합은 이와 관련해 과소비·충동구매 금지, 쓰지 않는 물건 중고거래·교환·기부, 재활용품 사용하기 등을 제안하고 있습니다.

빨리 빨리 패스트패션

패스트푸드처럼 '패스트패션'이라는 말이 있습니다. 금새 나오는 햄버거와 같은 패스트푸드처럼 패스트패션도 생산부터 유통까지의 소요시간을 최소화하여 유행에 맞는 의류를 빠르게 공급하는 것을 말합니다. 일반적인 패션 브랜드가 계절에 따라 1년에 4번 기획과 생산을 진행한다면 패스트패션 브랜드는 1~2주마다 새로운 의류를 만들어냅니다. 예전에는 옷이 몸에 맞지 않거나 해져서 새로 구매했다면 지금은 싫증 나서 버리고 새로 구매하기 때문이죠.

환경부에 따르면 의류 폐기물의 양은 2020년에 연 8만 톤으로 2018년에 비해 24.2% 늘어났다고 합니다. 의류업체 공장에서 버려지는 폐섬유류까지 합치면 이 규모는 연 37만 톤으로 불어납니다. 쓸

경제로 지구를 구해볼까?

만한 헌옷 상품이 중고의류로 되팔리기도 하지만, 이렇게 재활용되는 의류 비율은 전체의 12% 수준에 불과합니다.[41]

그럼 재활용되지 못한 옷들은 어디로 갈까요? 칠레의 한 사막에는 전 세계에서 모인 옷 쓰레기들이 쌓이고 쌓이면서 우주에서도 보일 만큼 자리를 차지하고 있습니다. 옷 쓰레기로 덮인 면적은 축구장 약 9개 넓이(6.5ha)입니다. 해마다 칠레에는 6만 톤에 달하는 중고 의류와 재고 의류가 뒤섞여 들어오는데, 이 중에서 재활용되지 못한 3분의 2 정도가 이렇게 쌓인 것이죠.[42] 정말 엄청나죠? 칠레에도 미안한 일이지만 이렇게 버려지는 수많은 옷들로 인해 우리는 또 한 번 지구에 죄를 지은 것입니다. 누군가 어렵게 선물을 마련해서 줬는데 얼마 쓰지 도 않고 싫증 나서 버렸다고 생각해보세요. 지구의 선물을 대하는 우리의 마음이 이와 같지 않을까요?

소비는 더 이상 미덕이 아닙니다

'소비는 미덕'이라는 말이 있습니다. 영국의 경제학자 존 메이너드 케인스가 한 말로, 경제가 잘 작동하기 위해서는 사람들이 자기 앞날만을 생각해 저축에 힘을 쏟기보다 소비에 열을 올려야 한다는 뜻입니다. 하지만 이제는 앞서 살펴본 생태경제학의 주장처럼 적정한 소비가 미덕인 때입니다. 지구가 감당할 수 없는 소비는 더 이상 미덕이

109

3장 우리의 소비가 바뀌어야 해요

패스트패션을 반대하는 시위 모습. "패스트패션이 기후를 죽인다(Fast Fashion, Killt das Klima)"는 현수막을 들고 있다.

될 수 없죠. 살을 빼기 위해 운동과 함께 늘 먹던 공깃밥 양부터 줄이는 것처럼 우리의 소비부터 줄여나가야 지구와 오래 함께 살아갈 수 있습니다. 그럼 다음 절에서는 소비를 줄이기 위한 실전 팁을 알려드리도록 하겠습니다.

생각해볼 문제

최근 일주일 동안 소비한 물품 목록을 작성해보고 필요도를 1~10까지 측정해보세요. 꼭 필요한 물건은 무엇이었으며 그렇지 않은 물건에는 무엇이 있었나요?

3

'묻지마 소비'는 이제 그만

4R을 아시나요?

4R이란 불필요한 물건 사용하지 않기(Refuse), 쓰레기를 줄이기(Reduce), 재이용하기(Reuse), 새롭게 활용해서 쓰기(Recycle)를 말합니다. 하나씩 살펴볼까요? 먼저 광고에 혹해서 필요하지도 않은데 유행에 동참하기 위해 불필요한 물건을 구입하지 않도록 합니다. 이 물건이 정말 필요할까를 스스로에게 계속 물어보세요. 둘째, 쓰레기를 줄이며 자원 또한 낭비하지 않도록 해야 합니다. 텀블러, 에코백 등을 사용하고 일회용품이나 이중 포장 같은 과대포장을 멀리하고요. 셋째, 한 번만 쓰고 버리지 말고 여러 차례 사용할 수 있도록 노력하세

요. 어쩔 수 없이 일회용품을 사용하게 되더라도 가능한 한 여러 번 재사용을 해보고요. 마지막으로 새롭게 활용해서 쓸 수 있도록 올바른 분리배출 방법을 잘 익혀두세요. 그래야 재활용이 잘 될 수 있으니까요. 또 내가 버리는 물건이 누군가에게는 필요한 물건일 수 있으니 나눔과 교환을 실천해보세요.

패스트패션에 대응하는 슬로패션

앞서 이야기한 옷에 대한 소비를 좀 더 생각해볼게요. 불필요한 물건을 사용하지 않고 소비를 줄이기 위해 '슬로패션'을 추구하는 사람들이 늘어나고 있습니다. 슬로패션은 양보다는 음식의 질에 중점을 둔 슬로푸드 운동처럼 패션 제품의 질에 초점을 맞춘 것이라고 할 수 있습니다. 패스트패션이 생산부터 유통까지의 소요시간을 최소화하여 유행에 맞는 의류를 빠르게 공급하는 것이라면, 슬로패션은 친환경적인 의류 생산과 소비를 추구하고 자원 낭비와 빠르게 변화하는 유행을 지양하는 것이죠. 이를 위해 생산과정에서부터 천연재료와 재활용 소재와 같은 지속 가능한 친환경 소재를 활용합니다. 또한 노동자의 권리와 동물권, 공정거래까지 고려합니다.

이와 관련해 흥미로운 프로젝트를 하나 소개할게요. 2009년 뉴욕의 한 디자이너는 1년 동안 매일 하나의 원피스를 유니폼처럼 입으면

패스트패션에 대응하는 슬로패션쇼(2018년 아일랜드)

서도 약간의 변화로 새로운 연출을 할 수 있는 프로젝트를 진행했답니다.[43] 극단적인 경우이겠지만 우리에게 얼마나 많은 옷이 필요한지 다시 생각해볼 필요가 있습니다. 일반적으로 옷장 속 옷 가운데 1년이 지나도 한 번도 입지 않는 옷이 21%나 된다고 합니다. 그러니 새 옷을 사기 전에 지금껏 안 입은 옷들을 눈여겨 볼 필요가 있겠죠.

일회용품 사용을 줄이기 위한 다양한 실천

일회용품 사용을 줄이기 위한 다양한 실천도 생각해볼 수 있습니다. 텀블러를 들고 다니며 종이컵 사용을 줄이고, 장을 보러 갈 때는 장바구니를 챙겨 가는 것이죠. 손수건을 가지고 다니며 종이 타월 사용을 줄일 수도 있고요.

이와 관련해 '제로웨이스트 숍'도 생각해볼 수 있습니다. '웨이스트(waste)'는 쓰레기를 뜻하며 '제로 웨이스트'는 문자 그대로 쓰레기를 없앴다는 것을 말합니다. 제로웨이스트 숍에서는 포장과 탄소 발생을 최소화하고, 해당 상품을 소비자가 오랜 기간 건강하게 사용할 수 있으며, 폐기되었을 때의 순환을 고려한 제품들을 주로 판매합니다. 또한 친환경 제품, 플라스틱프리 세제, 견과류, 곡물, 올리브오일, 화장품 등을 소비자들이 직접 가지고 간 통에 덜어 구입할 수 있습니다.

1g당 가격이 책정되는데, 무게만큼 값을 지불하는 게 처음에는 조금 불편하게 느껴질 수 있습니다. 하지만 꼭 필요한 양만큼만 구입할 수 있다는 것이 큰 장점입니다. 불필요하게 많이 사기보다는 필요한 만큼 소량씩 구입한다면 무분별한 소비를 줄일 수 있을 테니까요.

일회용품을 줄이기 위한 정부의 규제

이러한 소비의 변화를 위해서는 당연히 소비자뿐 아니라 정부와 기업의 노력도 필요합니다. 우리나라에서도 일회용품 사용을 줄이려는 정책은 확대되고 있습니다. 2019년에는 전국 대형마트를 비롯해 매장 크기 165㎡ 이상의 슈퍼마켓에서 1회용 비닐봉투 사용을 금지했습니다. 2020년부터는 관공서에서 우산 보관 비닐을 제공하지 못하

다양한 제로웨이스트 물품들

3장 우리의 소비가 바뀌어야 해요

도록 하고 있고요. 대신에 우산 빗물 제거기를 활용하고 있습니다.

2024년 3월부터는 '자원의 절약과 재활용촉진에 관한 법률'에 따라 객실이 50실 이상인 숙박업소의 일회용품(면도기, 샴푸, 린스, 칫솔 등) 사용을 억제하고, 이를 무상으로 제공하지 못하도록 했습니다. 기존에도 집단급식소, 식품접객업, 목욕장업, 체육시설 등에서 일회용품을 무상으로 제공하는 것이 금지되었는데, 50실 이상인 숙박업소에도 같은 기준을 적용한 것이죠.

프랑스의 '재고품 폐기 방지'와 순환경제 법

프랑스의 경우 2020년에 '폐기 방지와 순환경제법안'을 통과시켰습니다.[44] 이에 따라 프랑스는 세계 최초로 의류, 신발, 화장품 등 팔리지 않는 재고품의 폐기를 법적으로 금지하는 나라가 되었습니다. 이 법은 생산자, 수입자, 유통업자가 건강, 안전상의 문제가 있는 경우가 아니라면 재고품을 폐기하는 대신 자선단체 등에 기부하거나 재활용하도록 의무화하고 있습니다. 이 법이 생긴 것은 유럽의 일부 유명 명품업체들이 시즌이 지난 제품을 할인된 가격에 판매하기보다는 불에 태워 없애버리는 관행을 막기 위해서였습니다. 이 법은 아울러 전자제품이 고장 났을 때 얼마나 쉽게 수리 받을 수 있는지 소비자가 확인할 수 있도록 '수리 가능성 지수'를 표기하도록 하고 있습니다.

또한 프랑스는 플라스틱 폐기물을 줄이기 위해 2022년부터 30개의 주요 과일과 채소에 플라스틱 포장을 금지했습니다.[45]

어떠세요? 개인의 노력에만 맡겨두는 건 한계가 있게 마련이죠. 앞의 여러 사례들처럼 최근에는 사회적 합의와 함께 정부가 나서서 법과 제도를 만들어 우리의 소비 패턴을 바꿔나가고 있습니다.

생각해볼 문제

불필요한 물건 사용하지 않기(Refuse), 쓰레기 줄이기(Reduce), 재이용하기(Reuse), 새롭게 활용해서 쓰기(Recycle)에서 여러분이 일상에서 실천해볼 수 있는 것은 무엇이 있을까요? 혹은 이미 실천하고 있는 사례가 있다면 함께 나눠주세요.

4

소유가아닌 공유로

먹거리 나눔, 공유냉장고

앞서 '공유의 비극'을 얘기하면서 공동체의 합의된 규칙으로 공유
자원을 잘 관리하는 방법을 얘기했는데요, 공유는 소비를 줄일 수 있
는 효과적인 방법이기도 합니다. 대표적인 사례로 공유냉장고를 들
수 있습니다. 공유냉장고는 마을의 주민들이 서로 채워가는 '먹거리
나눔 냉장고'입니다.[46] 양 조절을 하지 못하고 많이 만든 반찬이나 여
유분의 음식을 넣어두고 이를 지역 주민들과 함께 나누는 방식입니
다. 공유냉장고에 놓인 음식은 누구나 가져갈 수 있고, 냉장고에 넣어
두는 것도 누구나 할 수 있습니다. 음식을 넣어둘 때는 제조일이나 유

통기한을 적어서 넣고, 유통기한이 얼마 남지 않은 것은 넣지 않도록 합니다.

공유냉장고는 2011년 독일에서 시작되었습니다. 독일의 영화 제작자이자 저널리스트인 발렌틴 투른이 〈쓰레기를 맛보자(Taste The Waste)〉라는 다큐멘터리에서 버려지는 농산물에 대해 다루며 대중들 사이에서 음식물을 줄여야 한다는 공감대를 형성했습니다. 이후 음식 공유 사이트인 '푸드셰어링(Foodsharing)'을 통해 음식 공유와 절약 운동이 확산되었고, 이를 바탕으로 공유냉장고가 생겨났습니다. 이처럼 공유냉장고는 음식물 쓰레기를 줄이기 위한 환경운동과도 연결됩니다. 우리나라에서도 2018년부터 생겨났으며 현재 서울, 수원, 인천 곳곳에 공유냉장고가 있습니다.

정장만이 아닌 사연까지 나눈다, 열린옷장

음식만이 아니라 옷을 공유하기도 합니다. 비영리단체 '열린옷장'은 2011년부터 청년들에게 정장을 빌려주고 있습니다.[47] 결혼식에 가거나 취업 면접을 볼 때 정장이 필요한 이들에게 적정 가격으로 대여하고 있지요. 의류를 기증받기도 하고요. 나눔과 공유의 가치 아래 의류 기증과 공유 활동을 하고 있습니다. '누구나 멋질 권리가 있다'가 이들의 모토입니다.

대여 품목은 재킷, 블라우스, 치마 정장, 바지 정장, 구두, 타이, 벨트 등입니다. 대여비는 남성 풀세트(재킷, 팬츠, 셔츠, 넥타이, 구두, 벨트)가 34,000원, 여성 풀세트(재킷, 팬츠 또는 스커트, 블라우스, 구두)가 32,000원입니다. 기본 대여기간은 3박 4일이고요. 수익금과 기부금은 의류를 통한 나눔 활동에 사용합니다.

열린옷장은 '옷깃편지'라는 기증자와 대여자 간 감사의 마음을 전하는 편지쓰기를 운영해 유대감을 높이기도 합니다. 옷에 담긴 이야기를 공유하며 사람과 사람이 더 가까워지고 소통할 수 있도록 하는 것이죠. 다음은 대여 받은 이의 사연입니다. 마음이 느껴지시죠?

"안녕하세요. 오늘 기증해주신 정장을 입고 면접을 보러 다녀왔습니다. 덕분에 깔끔하고 좋은 인상을 줄 수 있었어요. 면접이 처음이라서 제대

열린옷장 홈페이지(https://theopencloset.net/)

로 된 복장도 없고, 구매하기엔 경제적으로 부담이 되었는데, 이렇게 기증해주신 정장을 대여해서 첫 면접, 아주 성공적으로 잘 마쳤습니다. 제 첫 도전을 함께해주시고, 힘 보태주어 감사드립니다."

시애틀의 연장 도서관

'지속 가능한 시애틀 동북부 지역(Sustainable NE Seattle)'이라는 단체는 연장 도서관을 운영하고 있습니다.[48] 미국 시애틀시 동북부 지역에 있는 이 연장 도서관은 3,000개 이상의 연장을 비치하여 지역주민에게 빌려줍니다. 시애틀에 거주하는 18세 이상인 사람은 누구나 연장 도서관의 회원이 될 수 있습니다. 회원권은 1년간 유효하며 원칙적으로 회원 등록비는 없으나 자발적으로 기부금을 내도록 권장합니다. 연장 대여 기간은 1주일을 원칙으로 하며 다른 신청자가 없을 경우 두 번에 걸쳐 연기할 수 있습니다. 기간 내 연장을 반납하지 않을 경우 연체료를 내야 합니다.

이 단체는 기존 자원을 최대한 이용해 한 번만 사용하고 버리는 연장의 소비를 줄이자는 운동을 벌이고 있습니다. 또한 필요한 물건을 구매하기보다는 직접 만들어보도록 권장하면서 공유경제의 기초를 닦는 동시에, 도시농업과 가정 에너지 개선, 먹거리 보존, 빗물 저장과 같은 활동을 통해 도시의 지속 가능성을 추구하고 있습니다.

똑똑도서관 홈페이지(www.knocklibrary.org)

책을 공유하자

　한 번 보고서 내버려둔 책, 잘 안 보게 되는 책 등 집의 공간을 많이 차지하고 있는 책들이 있죠? '똑똑도서관'은 2013년부터 시작된 공유 도서관입니다.[49] 옆집에 '똑똑' 노크를 해서 서로의 책을 나눌 수 있도록 한다는 취지입니다. 서로가 소장하고 있는 책과 장소, 집에 머무르는 시간 등을 똑똑도서관 누리집이나 개인 SNS, 메신저 등을 통해 공개하면 책을 빌리고자 하는 이웃이 그 집을 방문해 대출해가는 방식입니다. 지역 주민들과 책을 공유하는 것으로, 참여하는 누구나 사서가 되고 그 집과 책장이 곧 도서관이 되는 것이죠. 부담 없이 자신이 내어줄 수 있는 공간만큼만 공유하고, 할 수 있는 정도의 수고만 들여도 되도록 하고 있습니다. 파주에서 시작된 똑똑도서관은 전국적으로 확대되었습니다.

생각해볼 문제

내가 가지고 있는 것 중에 남들과 공유할 수 있는 것은 무엇이 있을까요? 혹은 다른 친구들이 가지고 있는 것 중에 내가 공유 받고 싶은 것은 무엇이 있을까요?

5

에너지 적정 소비

가정용 전력 소비량, 아직은 비중이 낮지만

가정용 전력 소비량은 기업에 비해 절대적으로 낮습니다. 2020년 '한국전력통계' 보고서를 보면 2018년 기준 우리나라 1인당 가정용 전력 소비량은 약 1,412kWh로 미국 4,487kWh, 캐나다 4,652kWh, 영국 1,558kWh보다 낮습니다. 전체 전력 판매량 중 가정용 비중도 2020년 기준 우리나라는 13.8%로 미국 38%, 캐나다 34%, 영국 37%에 비해 낮습니다. 그럼에도 에너지 사용을 줄이기 위해서는 기업뿐만 아니라 개인 에너지 소비자들의 노력도 중요합니다.

에어컨 사용, 한 번만 더 생각해요

예를 들어 지구의 기온은 해마다 조금씩 높아지고 있습니다. 그런데 앞으로 너 나 할 것 없이 에어컨을 더 많이 더 강하게 튼다면 늘어나는 에너지 소비량만큼 지구는 더욱더 뜨거워지는 더위의 악순환이 초래될 수도 있습니다.

에어컨을 가동하기 위해서는 막대한 전력이 필요합니다. 일반 선풍기의 전력 사용량이 40~50와트인 데 비해, 에어컨은 1,000~4,000와트로 크게는 100배 가까이 차이가 난다고 합니다.

또한 도시에 빼곡히 들어찬 건물들이나 도로에 넘쳐나는 차들이 모두 에어컨을 사용하게 되면 이로 인해 발생하는 인공 열이 도시 폭염을 가중시키는 주요한 원인이 될 수 있습니다. 더위를 피하기 위해서 가동한 에어컨으로 인해 도시 전체 기온이 더 올라가고, 그 결과 에어컨을 더 세게 틀 수밖에 없는 악순환에 빠질 수 있다는 거죠.

아울러 에어컨에 사용되는 냉매는 이미 그 자체로 환경을 파괴하는 화학물질이기도 합니다. 그런 점에서 에어컨 사용 줄이기가 필요합니다. 여름철 실내 적정온도는 보통 26~28도입니다. 건강 측면에서 실내외 온도 차는 5도가 적절하거든요.

제로 에너지 하우스

겨울에는 어떨까요? 가정 난방에 사용되는 에너지를 줄일 수 있도록 하는 건물을 '제로 에너지 하우스'라고 합니다. 제로 에너지 하우스는 말 그대로 에너지 소비량이 최종적으로 '0'이 되는 집을 뜻합니다. 외부의 에너지를 공급받지 않고 자체적으로 에너지를 생산하고 내부의 에너지 유출을 차단하는 집이거든요. 제로 에너지 하우스는 지붕에 있는 태양 전지로 전기를 생산해서 쓰고, 지열로 물을 데워 샤워를 합니다. 두꺼운 창문을 설치해서 한겨울에도 따로 난방기를 켜지 않아도 집 안이 따뜻할 수 있도록 합니다.

에너지 자립 마을

주민들의 노력으로 만들어가는 '에너지 자립 마을'도 있습니다. 독일 프라이부르크 주에 속해 있는 보봉마을[50]은 인구가 5천 명인 그리 크지 않은 마을입니다. 보봉마을의 주택은 모두 단열을 통해 건물 내부의 에너지 손실을 최소화한 제로 에너지 하우스입니다. 이를 통해 독일의 일반 주택보다 에너지를 약 70% 이상 절약하고 있습니다.

또한 세계 최초로 회전형 태양광주택을 설치했는데, 집 자체가 해바라기처럼 태양의 움직임에 따라 400도 회전하여 일반 태양광발전

보봉마을의 주상복합단지, 이른바 '태양의 배'라 불리는 이 단지는 자체에서 사용하는 것보다 훨씬 많은 전기를 생산한다.

전기로 움직이는 교통수단, 트램

보다 더 많은 에너지를 얻을 수 있습니다. 생활용수도 자체 정화를 거쳐 재사용하거나 빗물을 활용하고 있습니다. 또 다른 특이한 점으로 마을 안에는 개인 주차장이 없습니다. 차는 마을 외곽에 세워두고, 마을을 벗어날 때만 사용하도록 하고 있으며, 마을 안은 트램과 자전거를 이용해 다닙니다.

우리나라에도 여러 곳에 에너지 자립 마을[51]이 있습니다. 전라북도 부안군의 등용마을은 2003년 부안군의 방사성 폐기물 처리장 유치에 대한 반대투쟁 이후 에너지에 대한 관심이 높아졌습니다. 2005년 부안의 주민들은 전국 최초로 주민에 의한 시민 발전소를 설립하였습니다. 태양열 난방시설, 온수기, 지열, 냉난방시설, 소형 풍력 발전기 등을 통해 재생에너지를 생산하며 에너지 자립을 실천하고 있습니다.

특히 서울 동작구의 성대골 마을은 일본 후쿠시마 원전 사고를 계기로 2011년부터 에너지 자립을 실천하고 있습니다. 이웃나라의 원전 문제를 접하면서 에너지 문제에 대한 주민들의 관심이 높아진 것입니다. 2011년 말 착한에너지지킴이 교육을 진행

후쿠시마 원전 사고

2011년 3월 11일 도호쿠 지방 태평양 해역에 지진이 발생해 15m에 달하는 쓰나미가 후쿠시마 제1원자력 발전소를 덮쳤습니다. 이때 정전으로 비상발전기가 작동하지 않으면서 원자로 6기 중 1, 3, 4호기에서 수소폭발이 일어났습니다. 후쿠시마 원전 사고는 체르노빌 원자력발전소와 함께 국제 원자력 사고 등급의 최고 단계인 7단계를 기록했습니다.

후쿠시마 발전소
사고 당시의 모습
(위)과 사고 후의
모습(아래)

후쿠시마의 텅 빈 거리 모습

하면서 주민들이 에너지 전환에 조금씩 동참하기 시작했습니다. 에너지 절약을 위해 가정에서 사용하는 에너지를 공동의 노력으로 아껴나가는 절전소 운동을 비롯해 공동체 공간인 마을학교에서 단열을 강화하면서 대안 에너지를 이용한 겨울나기 프로젝트를 진행했습니다. 또한 에너지 절약에 대한 교육을 위해 합창단을 구성하기도 하고, '에너지'를 주제로 한 축제를 열기도 했습니다. 2013년에는 마을닷살림협동조합을 설립하여 주택 에너지 효율개선, 미니 태양광 설치를 시작하였습니다. 또한 2018년에는 성대골에너지협동조합을 통해 여러 건물 옥상에 소규모 태양광 발전시설을 설치했습니다.

이들은 이야기합니다. "방향이 정해졌으니 속도를 내야죠. 상상한 것을 현실로 만들고, 무엇이 어떻게 바뀌어야 할지 보여주고 가능성을 만드는 게 성대골에너지자립마을의 목표입니다"라고요.[52] 어떠세요, 시민들의 힘이 모이니 많은 것을 바꿔낼 수 있다는 게 놀랍지 않나요?

생각해볼 문제

일상생활에서 전기 사용을 줄일 수 있는 방법은 무엇이 있을까요? 예를 들어 쓰지 않는 가전제품 콘센트 뽑기 등.

6

살림살이 경제로 전환하기

경제의 어원을 아세요?

여러분 '경제'의 어원을 아세요? 동양의 경제라는 말은 '경세제민(經世濟民)'에서 나왔는데, 이는 '세상을 다스리고 백성을 구제한다'는 뜻입니다. 서양도 비슷해서 '이코노미(economy)'는 그리스 철학자 아리스토텔레스가 그리스어로 집을 의미하는 'oikos'와 경영 혹은 관리를 의미하는 'nomia'를 합성하여 만든 것입니다. 경제란 작게는 가정에서의 살림살이부터 크게는 세상을 다스리는 것까지 사회를 잘 운영하는 방법이었던 것이죠. 역시나 오늘날의 경제 이미지와 많이 다르죠.

오늘날 경제라고 하면 부자가 되기 위한 방법이 먼저 떠오릅니다.

부자가 되려는 것은 남보다 더 많은 걸 소유하며 더 많이 소비하기 위함이고요. 이 끝없는 욕망의 경쟁 속에서 지구는 병들어 갔습니다. 그런데 경제의 어원을 살펴보니 이와는 정 반대였던 것이죠. 경제란 돈벌이를 위한 것이 아닌 우리가 행복하게 살아가는 방법이었습니다. 사실 우리 삶에서 꼭 필요한 것들을 간추려보면 그렇게 많지 않을 것입니다.

부자와 어부 이야기

이와 관련해 부자와 어부의 이야기를 들려드리겠습니다. 한 부자가 어느 어촌 마을을 방문했습니다. 마을 바닷가에는 조그만 배 한 척과 어부 한 사람이 있었습니다. 부자는 가까이 다가가 배 안에 여러 물고기들이 잡혀있는 것을 보았습니다.

부자는 어부에게 이것들을 잡는 데 얼마나 걸렸냐고 물었습니다. 어부는, "얼마 안 걸렸어요. 그저 잠깐."이라고 답했습니다.

그러자 부자는 물었습니다.

"왜 더 오래 배를 타면서 더 많은 고기를 잡지 않는 거죠?"

"그야, 이 정도 물고기면 가족들이 당장 필요한 것들을 구할 수 있으니까요."

부자는 다시 물었습니다.

경제로 지구를 구해볼까?

"물고기 잡지 않는 다른 시간엔 뭘 하세요?"

어부는 이렇게 대답했습니다.

"늦잠 자고, 고기 좀 잡고, 애들이랑 놀아주고, 마을 어귀를 어슬렁 어슬렁 걷다가 친구들이랑 기타 치며 논다우."

그러자 부자는 어부에게 다음과 같이 조언했습니다.

"당신에게 성공하는 법을 알려드리죠. 고기를 잡는 데 더 많은 시간을 투자한다면 당신은 돈을 모아 더 큰 배를 살 수 있을 겁니다. 더 큰 배로 더 많은 고기를 잡아 배 몇 척을 더 살 수 있겠죠. 그리고 더 많아진 배로 더 많은 고기를 잡아서 이제는 고기잡이 선단을 살 수 있을 겁니다. 그리고 직접 생선 납품 업체를 운영해 더 많은 돈을 벌 수 있습니다. 이렇게 사업이 커지면서 기업의 회장이 될 수 있을 겁니다."

어부는 물었습니다.

"그게 얼마나 걸리나요?"

부자는 "한 15년에서 20년 걸리겠죠."라고 답했습니다.

어부는 다시 물었습니다.

"그런 다음에는 무슨 일이 생기나요?"

부자는 크게 웃으며 답해주었습니다.

"바로 그 다음부터 당신 인생에 있어 최고의 날이 될 겁니다. 기업의 주식을 상장하고 주식을 팔아 엄청난 돈을 벌어들이는 겁니다. 그런 다음 은퇴하는 거죠. 바다가 보이는 작은 마을에 내려와 늦잠을 자고, 고기 좀 잡고, 애들이랑 놀아주고, 마을 어귀를 어슬렁어슬렁 걷다가 친구들이랑 기타 치며 놀면 되죠."

어부는 어이없다는 표정으로 부자를 바라보며 "저는 이미 그렇게 살고 있는데요."라고 말하며 사라졌습니다.

남보다 더 많은 소비가 아닌 삶의 방향을 생각해봐요

어떠세요? 빨리 가는 게 중요한 것이 아니라 어떤 방향으로 가느냐가 중요합니다. 지난 200년간 인류의 삶은 더욱더 많은 것을 소비하기 위한 삶이었습니다. 이제는 어떤 소비를 할 것인지를 생각해야 할 때입니다. 아니, 어떤 방향의 삶을 살 것인지 생각해야 할 때입니다.

생각해볼 문제

여러분이 생각하는 경제의 이미지는 무엇일까요? 경제라는 단어를 인터넷에서 검색해보고 어떤 사진, 그림이 나오는지 찾아봅시다. 이에 대해 어떤 느낌과 생각이 드는지 나눠봅시다.

기후위기를 생각하는 소비 원칙 세우기

여러분이 일상적으로 소비하는 다음 항목들과 관련해서 어떤 원칙을 세울지 생각하고 적어봅시다.

1. 교통수단 이용 관련해서

2. 먹거리 구매 관련해서

3. 전기 소비와 관련해서

4. 학용품 구매와 관련해서

5. 책 구매와 관련해서

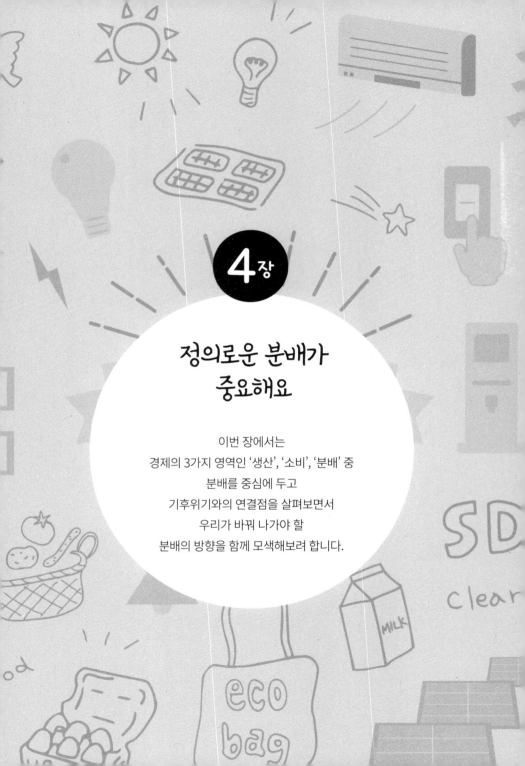

4장

정의로운 분배가
중요해요

이번 장에서는
경제의 3가지 영역인 '생산', '소비', '분배' 중
분배를 중심에 두고
기후위기와의 연결점을 살펴보면서
우리가 바꿔 나가야 할
분배의 방향을 함께 모색해보려 합니다.

 **기후위기 상식 테스트**

이번 장에서 다룰 내용에 대해 여러분은 얼마나 알고 있는지 확인해보세요.

1. 기후변화에 큰 책임이 없는 이 대륙 최빈국이 최근 가뭄과 홍수 등 극단적인 기상 피해를 입었습니다. 이 대륙은 어디일까요?

   ① 아시아   ② 오세아니아   ③ 유럽   ④ 아프리카

2. 주요 20개 선진국은 전체 탄소 배출량의 얼마 이상을 차지하고 있을까요?

   ① 10%   ② 30%   ③ 60%   ④ 80%

3. 기후위기에 책임이 있으면서 대응에 소극적인 나라를 무엇이라고 부를까요?

   ① 기후악당   ② 기후얌체   ③ 기후강국   ④ 기후제국

4. 가난하고 소외된 생산자들을 위해 공평하고 지속적인 거래를 통해 불평등한 세계 무역과 빈곤 문제를 해결하려는 전 세계적인 움직임으로, 현재 맞닥뜨린 기후위기에서의 국가 간 불균형 문제를 해결하는 측면도 있습니다. 이를 무엇이라고 부를까요?

* 정답은 본문에서 확인해보세요!

1

탄소 불평등과 기후악당

기후변화의 피해는 최빈국에 더 가혹하다

기후변화는 지구촌 모두에게 악영향을 미치고 있습니다. 그러나 개발도상국과 취약계층에 특히 큰 손실과 피해를 줍니다. 이러한 불균형과 불평등으로 인해 가난은 악화되며 양극화는 심화됩니다.

국제구호개발기구 옥스팜은 2022년 〈더워지는 세계의 굶주림〉[53]이라는 제목의 보고서를 통해 기후변화에 큰 책임이 없는 아프리카 최빈국이 최근 가뭄과 홍수 등 극단적인 기상 피해를 입고 있는 현실을 보여줬습니다. 기후변화 피해는 소말리아와 아이티, 지부티, 케냐, 니제르, 아프가니스탄, 과테말라, 마다가스카르, 부르키나파소, 짐바브

《왜 세계의 절반은 굶주리는가》 표지

《왜 세계의 절반은 굶주리는가?》

2000년부터 유엔 인권위원회의 식량특별조사관으로 활동한 장 지글러가 기아의 실태와 그 배후의 원인을 대화 형식으로 알기 쉽게 조목조목 설명해놓은 책으로, 2007년 출간된 이후 사회과학 분야 베스트셀러이자 장기 스테디셀러입니다. 저자는 미국이 생산할 수 있는 곡물 잠재량만으로도 전 세계 사람들이 먹고살 수 있는 식량 과잉의 시대인데도, 하루에 10만 명이, 5초에 한 명의 어린이가 죽는 분배의 문제를 얘기하고 있습니다.

웨 등 10개국에 집중되었습니다. 이들 국가에서 식량 부족에 시달리는 인구는 2016년 2천100만 명에서 2021년 4천800만 명으로 123% 증가했습니다. 이 중 약 38%에 해당하는 1천800만 명은 기아 직전의 상태에 놓인 것으로 파악되었습니다.

나라 간의 탄소 불평등과 기후악당

그런데 이 10개국이 배출하는 탄소의 양은 전 세계 탄소 배출량의 0.13%에 지나지 않는다고 보고서는 지적합니다. 반면 주요 20개 선진국은 세계 경제의 80%를 지배하며 전체 탄소 배출량의 4분의 3 이상을 차지합니다. 최빈국 배출량의 650배에 이르는 양입니다. 환경오염의 주범으로 꼽히는 원유 및 가스 기업 다수는 이 와중에 지난 50년간 매일 28억 달러, 우리 돈 약 3조 8천억 원의 이익을 내는 것으로 드러났습니다.

1인당 탄소 배출량의 경우에도 국가 간에 엄청난 차이가 있습니다. 유럽환경정책연구소(IEEP, Institute for European Environmental Policy)는 2021년 보고서를 통해 상위 1% 부유층의 1인당 탄소 배출량은 연평균 70톤이지만 최빈국 하위 50%의 1인당 탄소 배출량은 연평균 1톤에 불과하다고 밝혔습니다. 이 연구에서는 에너지 사용량이 높은 상위 20%가 과도한 에너지 소비를 줄이면, 하위 20%에게 생활에 필수적인 에너지를 공급해줘도 기후변화 완화에 기여할 수 있다고 보았습니다.[54] 이처럼 기후위기에 책임이 있으면서 대응에 소극적인 나라를 '기후악당'이라고 부릅니다.

우리나라 역시 기후악당

그렇다면 우리나라는 어느 정도일까요? 우리나라의 온실가스 배출량은 교토의정서에서 온실가스 감축 기준 연도로 설정한 1990년 2억 9,210만 톤(이산화탄소 환산 기준)에서 2021년 6억 1,600만 톤으로 210% 증가하였습니다. 세계 10위에 해당하는 온실가스 다배출 국가입니다. 다행히 2018년 7억 2,700만 톤으로 정점을 찍었다가 감소 추세에 있습니다. 1인당 온실가스 배출량은 1990년 6.8톤에서 2021년 11.9톤으로 1.75배가량 증가하였습니다. 오스트레일리아(15.1톤), 미국(14.9톤), 캐나다(14.3톤), 룩셈부르크(13.1톤)에 이어 경제협력개발기구(OECD) 38개 국가 중 5위입니다.[55] 우리가 잘 모르고 있었지만 기후악당 국가였던 것이죠.

우리나라도 기후악당 국가의 오명을 벗기 위해 노력하고 있습니다. 2020년에 2050 탄소중립을 선언하고 2021년에는 탄소중립 사회로의 전환을 목표로 하는 대통령 직속의 '탄소중립위원회'가 출범했습니다. 또 2022년에는 '탄소중립기본법'을 제정하여 세계 14번째로 탄소중립 비전과 이행체계를 법제화했습니다. 또한 그해 열린 제26차 유엔기후변화협약 당사국총회에서 기존 2030 국가 온실가스 감축 목표를 상향하여 2030년까지 2018년 배출량 대비 온실가스를 40% 감축하겠다고 공표하였습니다. 하지만 목표만을 내세우는 것이 아니라 실제 달성하기 위한 정부와 기업의 노력이 중요한 시점입니다.

생각해볼 문제

우리나라가 '기후악당'이라는 말을 들을 때 어떤 느낌이 드나요? 기후위기에 있어서 우리나라가 다른 나라들에게 주는 피해는 무엇이 있을까요?

2

전쟁만이아니라
기후위기로 생기는 난민

기후난민을 아시나요?

난민은 전쟁과 테러를 피하거나 인종, 종교, 정치적 의견을 이유로 차별과 박해를 받아 이를 피해 외국으로 탈출한 사람을 말합니다. 그런데 기후로 인해 탈출한 난민들도 점점 증가하고 있는데, 이를 '기후난민'이라고 부릅니다.

국제난민감시기구(IDMC, internal displacement monitoring centre)에서는 2023년 보고서[56]를 통해 2022년 말 기준 자연재해와 전쟁으로 인해 고향을 떠나 자국 내 다른 지역으로 간 난민이 약 7,110만 명에 이른다고 밝혔습니다. 이는 전년보다 약 20% 증가한 수치이자 2013년부터 조사를 시작한 이래 최고치였습니다. 이 중 기후난민은 전체 난민의 53%(약 3,260만 명)를 차지해 전쟁난민(약 2,830만 명)보다 많았습니다. 러시아의 우크라이나 침략과 콩고민주공화국 내전 등 전쟁으로 인한 난민이 60%나 급증했는데도 자연재해로 인한 난민이 더 많은 것이죠.

법적으로 보호받지 못하는 기후난민

더 큰 문제는 기후난민이 법적으로 보호받지 못하는 경우가 많다는 사실입니다. 2013년 기후변화로 인한 해수면 상승으로 수몰 위기에 처한 남태평양 섬나라 키리바시 원주민이 뉴질랜드에 기후난민 신청을 했습니다. 세계 최초로 기후난민 신청을 한 사례였습니다. 하지만 뉴질랜드 대법원은 이를 인정하지 않았습니다.[57] 현재 난민은 1951년에 체결된 '난민 지위에 관한 유엔협약'에 따라 "인종·종교·국적·특정 사회집단에서 소속 또는 정치적 견해를 이유로 박해를 받게 될 것이라는 충분한 이유가 있는 경우"로 제한하고 있기에 기후난민들은 이런 난민으로 인정받지 못하여 보호를 받을 수 없는 것입니다.

이후 2020년 유엔 자유권규약위원회에서 "기후위기로 임박한 위험에 직면해 피난을 온 사람들을 강제로 본국에 돌려보낼 경우 인권 침해 상황에 노출될 수 있다"며 사실상 난민으로 다뤄야 한다는 입장을 밝혔습니다. 다만 유엔의 이러한 결정은 법적 구속력이 없기에 기후난민 인정을 위해서는 각 나라에서 더 많은 논의가 필요한 상황입니다.[58]

생각해볼 문제

우리나라에 기후난민 신청이 들어왔을 때 여러분의 입장은 무엇일까요? 기후난민 인정에 찬성하거나 반대한다면 그 이유는 무엇일까요?

3

지구공동체에 대한
선진국의 책임

선진국이 앞장서야 할 5가지 전환

세계 정치와 경제, 학문 분야의 주요 인사들이 모여 로마에서 결성한 로마클럽이라는 연구단체가 있습니다. 이 단체가 지구의 위기에 관해 《성장의 한계》를 발표한 지 50년 만에 다시 내놓은 위기 극복 제안서 《모두를 위한 지구》에서는 세계에서 가장 부유한 10% 사람들이 비용을 지불하는 5가지 전환을 제안하고 있습니다. 빈곤, 불평등, 여성에 대한 권한 부여, 식량, 에너지가 그 다섯 가지입니다.

첫째, 빈곤을 해결하기 위해 저소득 국가에 새롭고 빠른 경제성장 모델을 도입하고 1인당 국내총생산(GDP)이 1만 5천 달러를 넘길 때까지 연간 최소 5%의 성장을 보장하라고 권고합니다. 둘째, 소득 불평등을 없애기 위해 누진세와 부유세를 도입하고 가장 부유한 10%가 국민 소득의 40% 이상을 가지지 못하게 제한하라고 제안하고 있습니다. 셋째, 여성에게 권한을 부여하고 교육과 보건의료에 투자해 젠더 권력 불균형을 해소하라고 촉구합니다. 서아프리카 일부 지역에서는 여성 1명당 자녀가 6~7명에 달하는데 여성에게 선택의 자유가 늘어나면 원치 않는 임신이 줄어들 수 있다고 합니다. 넷째, 식량과 관련해서는 토양과 생태계를 보호하도록 2050년까지 자연 친화적인 식량 시스템을 구축하고 화학물질의 과도한 사용을 대폭 줄일 것을 제안합니다. 마지막으로 에너지 시스템을 효율적으로 전환해 10년마다 온실가스 배출을 절반으로 줄여서 2050년까지 순배출 제로를 달성하라는 목표를 제시하고 있습니다.[59]

《모두를 위한 지구》 표지

로마클럽은 선진국들의 책임을 책의 곳곳에서 강조하고 있습니다. 예를 들어 선진국은 그동안 세계은행 같은 국제기구를 통해 저소득 국가의 금융을 강력하게 통제하면서 저자들의 표현에 따르면 상당한 이자를 뜯어가고 있습니다. 그로 인해 저소득 국가는 자국에 투자할 자금 부족에 시달리고요. 결국 애초에 빈곤을 줄이기 위해 수립된 정책은 실패하거나 빈곤을 더 악화시키는 결과를 초래한 셈입니다.

저소득 국가에게 원조가 아닌 보상을

한편 기후위기를 명목으로 저소득 국가가 매장된 석유와 가스를 개발할 기회가 박탈되어서는 안 된다고 주장하기도 합니다. 또한 저소득 국가의 경우 청정에너지로 전환하는 데 들어가는 비용을 마련하기 어렵기 때문에 선진국이 더 많은 비용을 지불하도록 해야 한다고 합니다. 정작 기후위기는 선진국들이 일으켜 놓고는 저소득 국가에 책임을 전가하는 것처럼 되어서는 안 된다는 것입니다. 마치 시험 준비를 다 한 친구가 이제 막 공부를 시작하려는 친구한테 "평소 실력대로 봐."라고 하면서 함께 놀자고 하는 기분이랄까요. 저소득 국가 입장에서는 선진국들이 얌체처럼 느껴지는 것이죠.

이미 선진국들은 2009년에 1,000억 달러(약 130조 3,500억 원)의 자금을 마련하여 기후변화에 가장 직접적으로 노출된 지역사회와 국가에 필수적인 지원을 제공하기로 했습니다. 이상기후 피해에 대처하고, 피할 수 없는 기후변화에 적응하며, 청정에너지를 개발할 수 있도록 말입니다.

하지만 선진국들은 이런 약속을 해놓고도 실행에는 소극적입니다. 그 이유는 약속한 지원을 저소득 국가에 대한 원조로 여기기 때문일 것입니다. 하지만 이는 원조가 아닌 보상입니다. 책임자 부담 원칙으로, 기후위기에 책임이 가장 큰 국가가, 가장 책임이 적으면서도 큰 타격을 받는 국가에게 피해를 보상해야 하는 것입니다.

생각해볼 문제

여러분은 우리나라를 포함한 선진국이 기후위기에 있어 저소득 국가에 어느 정도로 보상을 해야 한다고 생각하나요? 현재 우리나라 예산은 600여조 원입니다. 이 중 얼마를 책정하고 싶나요?

경제로 지구를 구해볼까?

4

저소득 국가가 지속 가능한 삶을
살 수 있도록

맹그로브 나무를 아시나요?

지구촌이 함께 기후위기를 이겨낼 수 있는 방법은 무엇이 있을까요? 이와 관련해서 맹그로브 나무에 얽힌 이야기를 해보려고 합니다. 맹그로브는 열대지방에서 볼 수 있는 나무인데요, 다른 나무들과 다르게 해안가에서 자라납니다. 소금기 가득한 바다에서 어떻게 살아갈 수 있는지 신기하죠? 맹그로브는 수분을 흡수하지 않는 뿌리를 이용해 소금을 막기도 하고 오래된 잎 또는 나무껍질에 소금을 모은 다음 배출하기도 합니다.

이러한 맹그로브는 열대림에 비해 50배, 온대림에 비해 10배 더 많은 탄소를 토양에 저장합니다. 또한 바닷물을 정화하고 바닷속에 유기물을 공급해 다양한 생물이 살아갈 수 있는 환경을 만들어냅니다. 또 촘촘하게 엉킨 맹그로브의 뿌리와 가지가 파도와 해일 등의 피해를 줄여주기도 하고요.[60]

이렇게 유익한 맹그로브 나무가 1980년대부터 무작위로 벌목되면서 전 세계적으로 파괴되고 있습니다. 목재를 이용하기 위해서이기도 하고, 무엇보다 맹그로브 숲은 천연 영양분이 많다는 이유로 벌목해 양식장을 세우기 위해서입니다. 그런데 이렇게 하다 보면 생태계가 파괴되고 기후위기에도 악영향을 줄 뿐 아니라 그곳에서 살아가는 사람들의 안전과 생계도 위협하게 되죠.

원주민들과 공존할 수 있는 방법, 미코코 파모자 프로젝트

그럼에도 원래 살아가는 주민들에게 무작정 맹그로브 숲을 보호하고 회복하라고 할 수는 없는 일입니다. 이들도 맹그로브를 활용해 경제적 이익을 얻기도 하고, 맹그로브 숲을 원래대로 회복하려면 필요한 자원을 투입해야 하는데 그렇게 하기 힘든 가난한 나라들도 많으니까요.

이런 문제를 해결하기 위해 케냐에서는 '미코코 파모자(Mikoko Pamoja)' 프로젝트[61]가 시작되었습니다. 미코코 파모자라는 말은 케냐어로 '맹그로브와 함께'라는 뜻입니다. 케냐의 해양수산연구소 연구

맹그로브 숲 회복 프로젝트로 심어진 묘목들(위). 맹그로브 숲은 다양한 생물들의 서식지이면서 해일 등의 피해를 줄여준다.

팀은 2013년 영국의 파트너와 함께 이 프로젝트를 시작했습니다. 먼저 지역사회는 매년 약 4,000그루의 맹그로브 묘목을 심기로 약속했습니다. 그 결과 지난 10년 동안 약 1만 4,000톤 이상의 이산화탄소 배출량을 줄였습니다. 이렇게 해서 생겨난 탄소배출권을 탄소 발자국을 관리하려는 많은 기업, NGO, 대학, 개인에게 판매해 연간 1만 5,000달러의 수익을 창출하고 있습니다.

수익의 60% 이상은 지역 대표들이 주도하는 지역사회 발전 특별 기금에 전달됩니다. 이 기금은 물과 위생, 교육, 건강 분야를 포함한 지역사회 운영 등에 쓰이는데, 5,400명의 주민에게 그 혜택이 돌아가고 있습니다. 이 프로젝트를 통해 지역사회의 70% 이상이 깨끗한 물을 마실 수 있게 되었고, 700명의 아이들을 위한 교과서와 운동복, 학습 자료가 제공되었으며, 지역 주민에게 200개의 직간접 고용 기회가 만들어졌습니다. 수익의 나머지 40%는 프로젝트의 인건비로 사용됩니다.

생각해볼 문제

보상금을 원주민에게 각각 나눠서 현금으로 주는 방식과, 미코코 파모자 프로젝트처럼 보상금을 토대로 프로젝트를 통해 수익을 내어서 원주민에게 혜택이 돌아갈 수 있도록 하는 방식의 장단점은 무엇일까요? 여러분은 어느 방식이 더 좋다고 생각하나요?

5
공정무역

공평하고 지속적인 거래의 필요성

더 본질적으로는 공정무역이 이루어질 수 있도록 해야 합니다. 공정무역이란 말 그대로 '공정한' 무역을 뜻합니다. 그동안 무역에서 생산자들에게 제대로 된 대가가 돌아가지 않는 불공정한 거래가 이뤄졌다는 점을 반성하면서 나온 새로운 무역 방식입니다. 즉, 가난하고 소외된 생산자들을 위해 공평하고 지속적인 거래를 실천하여 불평등한 세계 무역과 빈곤 문제를 해결하려는 전 세계적인 움직임입니다. 특히 저소득 국가에서 경제발전의 혜택으로부터 소외된 생산자와 노동자들에게 더 나은 거래 조건을 제공하고 그들의 권리를 보호하여 지속 가능한 발전에 기여하고자 하는 것입니다.

공정무역은 생산자에게 정당한 대가를 지불하고 소비자에게 좀 더 질 좋은 제품을 공급하고자 합니다. 따라서 공정무역 제품은 윤리성은 물론 우수한 품질을 보장합니다. 유해한 화학물질을 사용하거나 GMO 유전자 조작 등을 거친 제품은 공정무역 인증마크를 받을 수 없습니다.

 공정무역 로고와 홍보전시관

국제공정무역기구 보고서에 따르면 2020년 기준 전 세계 131개 국에서 3만 7,000개 이상의 공정무역 제품이 판매되고 있습니다. 우리나라의 경우 25개 기업이 공정무역 인증마크 사용권을 가지고 있으며, 52개의 공정무역 제품을 생산·판매하고 있습니다. 국내 공정무역 제품 판매액은 약 442억 원으로 국내 제조기업이 생산한 제품 판매액이 141억 원, 해외 공정무역 완제품 판매액이 301억 원가량입니다.

여러분 주변에는 어떤 공정무역 제품이 있을까요? 공정무역 초콜릿 제품을 들 수 있습니다. 초콜릿의 원료인 카카오는 주로 아프리카의 농장에서 생산됩니다. 약 600만 명 정도의 농부들이 코코아 농사를 지으며 생계를 유지하는데요, 전 세계 60%의 코코아가 코트디부아르와 가나에서 공급되고 있습니다. 공정무역 초콜릿은 이러한 농부들에게 제값이 돌아갈 수 있도록 하며 지역경제 발전을 위해 돈이 쓰이도록 합니다.

예를 들어 가나의 공정무역 인증 협동조합원인 8만 5,000명의 농부들은 지급받은 공정무역 프리미엄(공정무역 장려금으로, 농부들이 농사나 지역사회에 투자할 수 있는 돈)으로 우물과 공중 화장실을 만들고, 마을 주민들을 위한 순회 진단에 나섰습니다. 여러분의 선택으로 아프리카 주민들의 삶이 더 풍요로워질 수 있다는 점이 신기하지 않나요? 여러분도 밸런타인데이에 친구들에게 초콜릿을 선물한다면 공정무역 초콜릿을 구매해보면 어떨까요?

공정무역과 탄소배출권

국제 공정무역운동[62]은 앞서 케냐의 미코코 파모자 프로젝트처럼 생산자들이 탄소배출권을 시장에서 거래할 수 있는 활동을 지원하고 있습니다. 공정무역 커피 생산으로 유명한 에티오피아의 오로미아 협동조합은 탄소배출권 사업을 시작하며 1만 커피 농가들에게 2만 개의 쿡스토브를 공급해 탄소배출량을 70%까지 절감할 수 있도록 돕고 있습니다. 쿡스토브란 조리 활동을 위해 나무땔감과 같은 연료를 태우는 난로입니다.

또한 코스타리카의 커피협동조합인 쿠카페의 경우, 공동체 발전기금으로 지금까지 5000헥타르의 커피 생산지에 그늘나무를 심었습니다. 이 나무들은 토양 침식을 방지하고 이산화탄소를 토양에 묶어두는 역할을 합니다.

생각해볼 문제

공정은 최근 우리 사회의 중요한 이슈입니다. 여러분이 생각하는 공정은 무엇이며, 공정무역에서의 공정과는 어떤 점에서 같고 어떤 점에서 다른지 얘기 나눠봅시다.

경제로 지구를 구해볼까?

6

빈곤층이 더욱 취약한 기후위기

폭염 앞의 죽음은 평등하지 않았다

지금까지 국가 간 차이에 대해서 이야기했는데 선진국 안에서도 기후위기의 피해가 사람들마다 다르게 나타나기도 합니다. 1995년 7월 13일 미국 일리노이주 시카고의 낮 최고기온이 41도까지 치솟았습니다. 체감온도는 52도였고요. 그로부터 사흘 연속 38도를 넘는 폭염이 이어졌습니다. 폭염에 사람들이 죽기까지 했습니다. 14일부터 20일까지 단 일주일 만에 이 도시에서 739명이 사망했습니다. 미국의 대도시에서 이런 끔찍한 일이 일어날 거라고는 누구도 예측하지 못했습니다.

더욱 안타깝게도 부유층 거주 지역보다는 주로 빈민층이 사는 지역에서 폭염 피해자가 더 많았습니다. 폭염 사상자의 73%가 65세 이상 노인이며, 민족 및 인종 집단별로는 아프리카계 미국인이 가장 높은 사망률을 보였습니다. 또한 사회적 접촉이 거의 없이 혼자 외롭게 살고 있는 사람의 경우 사망률이 더 높았습니다. 사회에서 고립된 노인층과 사회 취약계층에 속한 아프리카계 미국인들은 폭염이라는 자연재해에 대한 사회적 안전망의 사각지대에 있었기 때문입니다.[63]

시카고에서는 이 문제를 뼈저리게 깨닫고서 사회적 대책을 세워갔습니다. 1999년 7월 다시 폭염이 찾아오자 시카고 시장은 비상 기후 대응 전략을 가동했고 곧바로 폭염중앙통제센터를 열었습니다. 폭염을 피할 수 있도록 에어컨이 작동하는 쿨링센터 34곳을 열고, 누구든 그 센터까지 갈 수 있도록 무료로 버스를 제공했습니다. 쿨링센터의 수가 부족하다고 판단되자 하루 만에 학교 31곳을 새롭게 쿨링센터로 지정했습니다. 더불어 폭염으로 사망할 위험이 높은 혼자 사는 노인들, 낙후된 건물에 사는 거주민들의 상태를 경찰과 공무원이 일일이 확인했고요.

그 결과 비슷한 수준의 폭염이었는데도 사망자는 110명으로 대폭 줄어들었습니다. 폭염으로 인한 사망을 사회적인 재난으로 보고 체계적인 대응 전략을 마련한 성과였습니다.[64]

폭염에 취약한 쪽방촌에서 살아갈 수밖에 없는 이들

여러분은 쪽방촌이라는 말을 들어보았나요? 쪽방은 원래의 방을 여러 개의 작은 크기로 다시 나누어서 한두 사람이 겨우 들어갈 정도의 크기로 만들어 놓은 작은 방입니다. 2021년 기준 전국적으로 쪽방은 8,768개, 쪽방 거주자는 5,212명으로 조사되었습니다. 이 중 서울의 서울역, 영등포, 돈의동, 남대문, 창신동 등 5곳의 쪽방촌에 거주하는 쪽방 거주자가 2,876명으로, 전국의 절반 이상(55.2%)을 차지하고 있습니다.[65]

열악한 환경에서 살아갈 수밖에 없는 이유는 결국 돈 때문입니다. 용산구 동자동 쪽방촌에 사는 기초생활수급자는 60만 원 남짓한 수급비 중 30%인 월세 17~22만 원을 내는 것도 부담이 됩니다. 임대아파트를 공급한다고 해도, 보증금을 저축할 수 있는 여건이 되지 못해서 쪽방촌에서 계속 거주하게 된다고 토로합니다.[66]

쪽방촌은 무엇보다 폭염에 취약합니다. 쪽방촌의 낡은 지붕은 단열 효과가 약해 바깥의 열기를 거의 그대로 흡수합니다. 대기 온도를 낮춰주는 녹지가 주변에 있는 곳도 거의 없습니다. 결국 뜨거운 태양열은 고스란히 집 안으로 스며듭니다. 또 환기를 할 창문이 없는 쪽방들도 많습니다. 한국환경연구원 조사 결과에 따르면 그 때문에 한여름 쪽방의 실내 최고 온도는 34.9도로, 단독주택이나 아파트보다

평균 3도 안팎 높게 나타났습니다.[67]

정부에서도 손을 놓고만 있지는 않습니다. 냉방 시설을 갖춘 주민센터·경로당·은행 등의 시설을 무더위 쉼터로 지정해 폭염 취약계층이 더위를 피할 수 있도록 하고 있습니다. 국민재난안전포털 홈페이지에 따르면 전국에 지정된 무더위 쉼터는 2023년 6만여 곳이며 서울에만 4천106곳이 무더위 쉼터로 지정되어 있습니다.

그렇지만 거동이 불편한 노인들은 무더위 쉼터가 가까운 거리에 있더라도 찾아갈 형편이 되지 않아 사실상 이용하기 어려운 경우도 많습니다. 또 무더위 쉼터 대부분이 노인복지관 등 기존 시설을 개방해 사용하는데 기존 이용자들이 있기 때문에 더위를 피하기 위해 찾아가기가 심리적으로 부담되는 경우도 있습니다.[68] 앞서 시카고 폭염 대참사가 우리나라에서도 일어나지 않도록 더욱 세심한 정책이 필요한 상황입니다.

폭염에 고스란히 노출되어 일하는 사람들

무더운 날씨가 계속되면 직장인들 중에는 전기세가 무서워서 에어컨을 맘대로 틀 수 없는 집보다는 차라리 온종일 에어컨 바람 아래 있을 수 있는 회사가 낫다며 야근을 자처하는 사람들도 있습니다. 하지만 이 또한 실내에서 근무하는 사람들에 한정된 경우로, 업

경제로 지구를 구해볼까?

무상 바깥에서 일하는 사람들에게는 그림의 떡 같은 이야기일 뿐입니다. 폭염 속에도 반드시 외부에서 일해야만 하는 사람들이 많기 때문입니다.

건물 안팎 주차장의 주차요원, 공사 인부, 길거리에서 전단지를 나눠주거나 홍보하는 사람들, 폐지를 수집하는 노인들은 바깥 날씨에 고스란히 노출될 수밖에 없습니다. 이들에게 기나긴 폭염은 참으로 원망스럽기 그지없을 것입니다. 실내에서 일을 하더라도 열악한 환경에 노출된 사람들이 있습니다. 예컨대 많은 청소노동자들이 변변한 냉방기기 없이 마치 찜질방을 방불케 하는 지하 공간에서 겨우 휴식을 취한다고 합니다. 게다가 더욱 안타까운 점은, 그들 대부분은 마땅히 처우 개선을 요구하지도 못한 채 그저 버틸 수밖에 없다는 것입니다.

그뿐만이 아닙니다. 강렬하게 내리쬐는 뙤약볕과 땅에서 솟구치는 열기로 인해 달궈질 대로 달궈진 도로와 자동차 안에서 하루 종일 있어야 하는 운전사들이나 에어컨 실외기가 밤낮없이 내뿜는 지독한 열기를 참아내면서 건물 외부에서 작업을 해야 하는 사람들도 있습니다. 이들 모두는 더위로 인한 짜증을 넘어 건강, 심각한 경우 생존까지 위협받고 있죠. 더위가 가중될수록 사회적 약자에게 폭염은 더욱 가혹하게 느껴집니다. 이미 생활 전반에서 충분히 상대적 박탈감을 느끼며 살아가고 있는데, 폭염으로 인해 이러한 박탈감이 더욱 무겁게 다가올 테니까요.[69]

정의로운 전환을 위해 탄소배당을 도입해야

이처럼 기후정의는 국가 간의 문제만이 아닌 한 국가의 국민들 사이에서도 발생할 수 있는 문제입니다. 이와 관련해서 스위스는 2008년부터 탄소부담금을 부과하고 그 수입의 3분의 2를 국민에게 탄소배당으로 다시 환급하고 있습니다. 탄소배당은 일종의 기본소득입니다. 기본소득이란 국가 또는 지방자치체가 모든 구성원 개개인에게 아무 조건 없이 정기적으로 지급하는 소득입니다. 이렇게 탄소부담금을 다시 국민에게 기본소득 방식으로 돌려줄 경우, 저소득층의 에너지 기본권이 보장되는 '정의로운 전환(Just Transition)'의 기초 위에서 탄소세율을 탄력적으로 조정할 수 있습니다.

정의로운 전환은 탄소중립 사회로 전환하는 과정에서 피해를 입는 지역이나 산업을 지원하는 한편, 일자리를 잃거나 낙오되는 이들이 없도록 하는 정책을 말합니다. 기후변화에 대한 대응이 모두에게 '정의로운' 방식이어야 한다는 의미이죠.

실제로 스위스는 탄소부담금-탄소배당을 도입한 2008년 이후부터 2019년까지 12년 동안 탄소배출량을 약 21%나 감축했습니다. 2007년 배출이 1990년 대비 91.7%로 17년 동안 약 9% 정도밖에 감축되지 않은 것에 비하면 매우 큰 효과를 발휘한 것이죠.[70] 캐나다도 2018년에 탄소부담금을 탄소배당(기후 인센티브)으로 환급하는 제도를 도입하였습니다. 다만 이 제도에 참여하는 것은 주별로 자율적입니다. 우리나라 역시 탄소세와 탄소배당을 연결한 모델이 논의되고 있습니다.

　기후위기에서 분배의 문제를 국제적인 시각과 국내적인 시각으로 살펴보았습니다. 대량생산-대량소비의 순환고리를 끊어야 할 뿐만 아니라 지금의 기후불평등을 함께 해결해 나가야 진정한 지구공동체가 될 수 있을 것입니다.

여러분 주변에 폭염에 취약한 이들이 누가 있을까요?
이들을 위해 개인과 사회가 할 수 있는 일은 무엇이 있을까요?

기후위기 연설문 작성하기

202＊년 ＊월, 제○○차 유엔기후변화협약 당사국총회가 열리는 곳에 여러분이 한국의 대표로 참석해 지금의 '기후 불평등'을 해결하고 '기후 정의'를 달성하기 위한 연설을 하게 되었습니다. 다음 항목에 맞추어 연설문을 작성해보세요.

1. 기후 불평등은 얼마나 심각한가요?

2. 기후정의 달성은 왜 중요한가요?

3. 우리나라를 비롯해 선진국이 앞장서야 할 일은 무엇일까요?

4. 각국의 행동을 촉구하기 위해 하고 싶은 말은?

맺음말

지금, 전 세계는 기후위기의 심각한 영향을 직접적으로 겪고 있습니다. 기록적인 폭염과 가뭄, 예측할 수 없는 폭우와 홍수, 산불이 잇따르면서 사람들의 삶이 흔들리고 있습니다. 기후위기는 지구와 인류에게 심각한 위협일 뿐만 아니라 세계 경제에도 위협이 되고 있습니다. 기후위기로 인해 곡물 생산량이 줄어들면서 농산물 가격이 폭등하고, 이는 식량 불안을 초래하며 경제적 불평등을 심화시키고 있습니다. 그런가 하면 폭염은 일할 수 있는 능력을 떨어뜨리고 생산성을 저하시킵니다. 허리케인, 사이클론, 태풍은 수백만 명의 사람들을 무자비하게 휩쓸고 지나간 후 절대 빈곤에 처하게 합니다. 또한, 해수면 상승과 극한 기후로 인해 기후난민이 늘어나고, 기업들은 공급망 혼란과 생산성 저하로 막대한 경제적 손실을 입고 있습니다.

앞으로 기후위기의 경제적 영향은 더욱 커질 것입니다. 세계은행은 2050년까지 기후위기로 인해 1억 명 이상의 사람들이 빈곤에 빠질 가능성이 있다고 경고하고 있습니다. 많은 전문가들은 기후위기가 지속될 경우 에너지, 금융, 노동시장 등 경제 전반이 타격을 받을 것이라고 전망합니다.

그러나 이런 위기 속에서도 변화의 기회는 존재합니다. 이제 우리가 해야 할 일은 분명합니다. 기후위기를 막기 위한 행동에 나서는 것, 그리고 기후위기와 경제를 연결하여 생각하며 더 나은 미래를 만들어가는 것입니다. 그리하여 지속 가능한 경제 구조를 만들어 나가야 하며 이를 위해서는 국가를 넘어선 협력이 필요합니다.

특히 청소년들은 기후위기에 가장 큰 영향을 받을 세대이면서도, 동시에 변화를 이끌어갈 중요한 주체이기도 합니다. 기후시민으로서 우리는 어떤 소비를 할지 고민하고, 지속 가능한 선택을 실천하며, 더 나아가 기업과 정부가 올바른 방향으로 나아가도록 목소리를 내야 합니다.

이 책을 통해 여러분에게 들려주었듯이 기후위기는 단순한 환경 문제가 아닙니다. 우리의 삶과 경제, 그리고 미래가 걸린 문제입니다. 하지만 우리가 함께 힘을 모은다면, 이 거대한 위기에 맞서 더 지속 가능한 사회를 만들 수 있습니다. 이제는 더 이상 미룰 수 없는 때입니다. 여러분이 만들어갈 변화를 기대하며, 이 책을 마칩니다.

1. 매일일보(2023.9.15). NASA "올해 여름 더위, 역대 최고"
   https://news.imaeil.com/page/view/20230915181151084863
2. 동아사이언스(2015.11.11) 2015년 지구기온 100여년전보다 1도 높아
   https://www.dongascience.com/news.php?idx=8649
3. 마크 라이너스(2022).《최종경고 : 6도의 멸종》(김아림역)(원저 2020년 출판)
4. 고생대 마지막기인 페름기(약 2억5190만년 전~2억9890만년 전) 말
5. 한겨레(2023.5.17). 지구 대재앙 '최후 방어선' 1.5도 상승…5년 내 깨질
   확률 66% https://www.hani.co.kr/arti/international/international_
   general/1092230.html
6. 한겨레(2022.10.7). 기후변화가 부른 '극한 여름'…10년새 폭염·열대야 50%
   나 늘었다
   https://www.hani.co.kr/arti/society/environment/1061739.html
7. 세계일보(2023.7.11). 2023년은 더 더운데…"2022년 여름 유럽 폭염 사망자
   6만명"
   https://www.segye.com/newsView/20230711514259?OutUrl=daum
8. 동아사이언스(2021.4.5) 호주 산불, 기후변화가 원인이었다
   https://www.dongascience.com/news.php?idx=45408
9. KBS뉴스(2023.9.5). "미국 캘리포니아 대형 산불 위험 기후변화로 25% 커져"
   https://news.kbs.co.kr/news/pc/view/view.do?ncd=7765278

10. 조선일보(2025.1.9.) [Why] LA 산불 왜 순식간에 번졌나... 이유는 '산타아나 바람' https://biz.chosun.com/international/international_general/2025/01/09/J5ODN45NUZGPFJLCK2UVNLZ6EI/

11. BBC뉴스(2022.8.30). 기후변화: 기록적 홍수로 파키스탄의 국토 3분의 1이 완전히 물에 잠겼다 https://www.bbc.com/korean/international-62669748

12. 한겨레(2024.7.11) 한반도 덮친 200년 만의 극한폭우···5명 사망·2명 실종 https://www.hani.co.kr/arti/area/area_general/1148550.html

13. 뉴스펭귄(2023.6.28) 해수면 상승은 작은 섬나라를 어떻게 바꾸나 https://www.newspenguin.com/news/articleView.html?idxno=14432

14. 한겨레(2022.1.6). 해수면 상승에 국토가 바다 아래로···투발루 외무장관 '수중 연설' https://www.hani.co.kr/arti/society/environment/1018821.html

15. YTN사이언스(2022.12.13). [날씨학개론] 지구온난화로 빙하 속 바이러스가 살아난다면? https://m.science.ytn.co.kr/program/view.php?s_mcd=0082&key=202212131617211738

16. 전자신문(2023.12.14). [스페셜리포트] 전지구적 이행상황 점검···'온도 상승 2.1~2.8도 제한' 확인 https://www.etnews.com/20231214000287

17. 한겨레(2023.4.26). "지구온도 상승 1.5도 이내로 막아도 기후급변 '티핑' 일어날 수도 https://www.hani.co.kr/arti/society/environment/1089495.html

18. 권승문, 김세영(2022). 오늘부터 시작하는 탄소중립. 휴머니스트

19. BBC뉴스코리아(2020.6.21). 기후변화, 과연 누구의 책임인가? https://www.bbc.com/korean/vert-fut-53125074

20. 그린포스트코리아(2022.9.25). 에너지 위기에 화석연료 기업은 수익...횡

재세 거둬야 https://www.greenpostkorea.co.kr/news/articleView.html?idxno=201833

21. 한겨레(2023.5.18). '기후위기 시대' 원전은 대안일까, 더 큰 위험일까 https://www.hani.co.kr/arti/society/environment/1092244.html

22. 임팩트온(2024.5.13). 재생에너지, 처음으로 전 세계 전력의 30% 기록⋯싱크탱크 엠버 보고서
https://www.impacton.net/news/articleView.html?idxno=11504

23. 한겨레(2023.12.21) 독일, 재생에너지 비중 50% 돌파⋯시민들 지지로 이룬 기적 https://www.hani.co.kr/arti/international/europe/1121253.html

24. 한경(2023.3.30). '시민이 만든 10년의 성공 기록'⋯한국의 에너지 전환 마을 르포[ESG리뷰]
https://magazine.hankyung.com/business/article/202303214435b

25. 제프리힐(2016). 자연자본. 이동구 역(2018), 여문책 pp.18

26. 김병권(2023). 기후를 위한 경제학. 착한책가게

27. FTSE Russell (2023), Investing in the green economy-entering the next phase of growth

28. 한겨레(2019.8.20) 미국에서 나온, 주주자본주의 시대의 종언
https://www.hani.co.kr/arti/international/globaleconomy/906479.html

29. 이투데이(2023.5.30). 'ESG 공시 의무화' 대비 현대차 등 57개 기업 환경정보 공개 https://www.etoday.co.kr/news/view/2253140

30. 응답하라 마케팅(2022.11.18). 친환경에 진심인 러쉬 vs 파타고니아
https://maily.so/marsinmarine/posts/7a6e1f05

31. 인터비즈(2019.8.20) 쓰레기로 만드는 가방... 30만원 호가해도 매년 55만개 팔리는 이유
https://blog.naver.com/businessinsight/221622574009

32. mbc뉴스(2021.12.14). 이름부터 공정한 '페어폰'... 윤리적인 제작 과정 추구하는 네덜란드의 사회적 기업 https://imnews.imbc.com/

original/14f/6323928_29052.html

33. 뉴스퀘스트(2022.11.11). '오션 클린업'의 해양 플라스틱 쓰레기 처리 시스템
https://www.newsquest.co.kr/news/articleView.html?idxno=201095

34. 오마이뉴스(2022.10.29). 먹어서 없애는 포장재라니... 친환경에 재미까지
https://www.ohmynews.com/NWS_Web/Series/series_premium_
pg.aspx?CNTN_CD=A0002875723

35. 서울경제(2023.7.27). 김정빈 수퍼빈 대표 "세계 유일 재활용 밸류체인이
2000억 몸값 비결"
https://www.sedaily.com/NewsView/29SAL14Z1P

36. 중기이코노모(2023.8.8). 탄소배출량 많은 물류산업 탄소저감 방안 시급
https://www.junggi.co.kr/article/articleView.html?no=30857

37. 연합뉴스(2023.6.12)'스키장 인공눈'도 온난화 골칫거리…온실가스 대량 배출
https://www.yna.co.kr/view/AKR20230607081600518

38. EBS다큐멘터리(2014.1.15). 햄버거 커넥션(Hamburger Connection)
https://youtu.be/qMan5I0w7Hc?si=k4EEtDV6iaFjasUm

39. KBS 뉴스(2023.7.13). WFP 등 유엔기구 "지난해 세계 기아 인구 7억여 명"
https://news.kbs.co.kr/news/pc/view/view.do?ncd=7722967

40. 국제신문(2022.11.25). 블랙프라이데이와 아무것도 사지 않는 날
https://www.kookje.co.kr/news2011/asp/newsbody.asp?code=0300
&key=20221125.99099007906

41. 광주드림(2023.5.26). 의류 폐기물이 유발하는 환경 문제
https://www.gjdream.com/news/articleView.html?idxno=628361

42. 헤럴드경제(2023.6.22). "이 사진, 진짜 실화냐?" 우주에서도 보이는 '쓰레기
산' [지구, 뭐래?]
https://biz.heraldcorp.com/view.php?ud=20230622000713

43. https://theuniformproject.com/

44. 연합뉴스(2020.1.31). 프랑스, 의류·신발 등 재고품 폐기금지법 세계 최초로

제정 https://www.yna.co.kr/view/AKR20200131146400009

45. 뉴스펭귄(2021.10.12) 2022년부터 과일·채소 플라스틱 포장 금지하는 프랑스
    https://www.newspenguin.com/news/articleView.html?idxno=5562

46. 국민이 말하는 정책(2022.5.20). 우리 동네 나눔 실천, 공유냉장고
    https://www.korea.kr/news/reporterView.do?newsId=148901395

47. https://theopencloset.net

48. 이창우, 2012, 석유 없는 세상을 준비하는 전환도시 서울 추진을 위한 기초
    연구, 서울연구원

49. 오늘의도서관(2021.9.7). 책으로 소통하는 문화 공동체를 만들다. 김승수
    '똑똑도서관' 관장 https://blog.naver.com/todayslibrary/222497483985

50. TPN(2014.4.8). 독일의 '보봉마을' 자연 친환경의 꽃이자 태양과 키스하는
    마을
    https://www.thepublicnews.co.kr/news/articleView.html?idxno=13462

51. 환경부 공식블로그(2018.7.18). 에너지 자립 마을에 대해 알고 있나요?
    https://m.blog.naver.com/mesns/221320762308

52. 이로운넷(2021.2.18). 서울 한복판에서 에너지 문제로 뭉친 마을을 소개합니다
    https://www.eroun.net/news/articleView.html?idxno=22809

53. Aly, N. (2022). OXFAM MEDIA BRIEFING 16 September
    2022-HUNGER IN A HEATING WORLD How the climate crisis is
    fuelling hunger in.

54. Gore, T. (2021). Carbon inequality in 2030: Per capita consumption
    emissions and the 1.5 ℃ goal.

55. 국가지표체계 중 온실가스배출량(2023.1.11)
    https://www.index.go.kr/unify/idx-info.do?idxCd=4288
    한국 '기후 악당' 될 셈일까… 탄소배출량 10위, 책임의식은 실종
    https://www.hani.co.kr/arti/society/environment/1071005.html

56. 2023 Global Report on Internal Displacement

https://www.internal-displacement.org/global-report/grid2023/

57. 뉴스1(2015.7.21). 뉴질랜드, 키리바시 토착민 세계 첫 '기후난민' 신청 거절 https://www.news1.kr/articles/?2339388

58. 연합뉴스(2020.1.21). 유엔 '기후변화 난민' 인정… "임박한 위험에 강제송환 안돼" https://www.yna.co.kr/view/AKR20200121062000009

59. 상드린 딕슨-드클레브, 오웬 가프니, 자야티 고시, 요르겐 랜더스, 요한 록스트룀, 페르 에스펜 스토크네스(2022), 《모두를 위한 지구》. 추선영, 김미정 역(2023). 착한책가게

60. 국제맹그로브협회 https://www.mangrovealliance.org/mikoko-pamoja/

61. 지속가능저널(2023.10.1). 초강력 허리케인으로부터 50만명 보호한 신비의 숲 http://www.sjournal.kr/news/articleView.html?idxno=4950

62. 더나은미래(2020.9.8). 기후변화와 공정무역 https://futurechosun.com/archives/50289

63. 에릭 클라이넨버그 (2018), 폭염사회 (홍경탁 옮김), 글항아리,

64. 김승섭(2017). 아픔이 길이 되려면, 동아시아, pp.29-30

65. 전국쪽방상담소협의회(2021). 2021 전국쪽방상담소협의회 회원시설 세부 현황 및 사업

66. 한소영, 탁장한 (2017). 쪽방거주의 지속에 내재된 주민들의 이중심리 분석. 서울도시연구, 18(1), 97-121.

67. 매일신문(2023.8.1). 땡볕에 달궈진 쪽방촌, 방 안 온도계를 보니 35℃ https://www.imaeil.com/page/view/2023080117490298169

68. 연합뉴스(2023.7.4). "걷기도 힘들고 눈치보여"…'가깝지만 먼' 무더위쉼터 https://www.yna.co.kr/view/AKR20230703161500004

69. 주수원(2019). 폭염의 시대. 맘에드림

70. 프레시안(2021.1.12). 탄소중립 하려면 스위스를 보라 https://www.pressian.com/pages/articles/2021011215410674528

경제로 지구를 구해볼까?

본문 사진 저작권